名师名校名校长

凝聚名师共识
回应名师关怀
打造名师品牌
培育名师群体

小学语文
教学的思考与实践

任学勤 —— 著

中国文联出版社

图书在版编目（CIP）数据

小学语文教学的思考与实践 / 任学勤著. — 北京：
中国文联出版社，2024.3
ISBN 978-7-5190-5482-3

Ⅰ.①小… Ⅱ.①任… Ⅲ.①小学语文课—教学研究
Ⅳ.①G623.202

中国国家版本馆CIP数据核字（2024）第060675号

著　　者　任学勤
责任编辑　闫　洁　王　萌
责任校对　秀点校对
装帧设计　刘贝贝　李　娜

出版发行　中国文联出版社有限公司
社　　址　北京市朝阳区农展馆南里10号　　邮编　100125
电　　话　010-85923025（发行部）　　010-85923091（总编室）
经　　销　全国新华书店等
印　　刷　三河市龙大印装有限公司

开　　本　710毫米×1000毫米　　1/16
印　　张　15.5
字　　数　234千字
版　　次　2024年3月第1版第1次印刷
定　　价　58.00元

向下扎根，向上成长

2013年至2023年这10年，我从省骨干教师成长为省学科带头人，一路学习、一路培训，努力反思、实践，在恩师的指导和引领下一步一步努力向下扎根，向上成长。

今晚，夜深人静的时候，我回顾这10年的专业成长历程，深深地感动着……想要为这10年的教育生涯留下些什么，于是整理出来了这10年所执教的公开课、示范课、省级优课，以及讲座、阅读分享等。

回首这10年，我一直坚持阅读和写作，从2015年开始撰写文章至今写了约800篇。因职务原因，这些内容多数是学校各项工作以及自己的培训感悟、学习笔记等，其中也不乏记录自己生活中点点滴滴的文章。随着年龄的增长和家庭琐事的烦扰，有时候我常常想自己的职业生涯规划到底是什么？以后要朝着哪个方向发展？直到后来恩师的一席话惊醒梦中人，我才坚定继续走语文专业发展之路的信心。希望通过这本书，时刻激励自己，不忘初心，走好自己的教育之路，笔耕不辍，做一名专业的语文老师。

一个人可以走得很快，一群人才能走得很远。这10年来，特别是2018年以来，我在卓越教师工作室团队的引领下、在工作室主持人的指导下，坚持上示范课、坚持和团队小伙伴分享自己的学习感悟，在一次次的磨课中提升自己的上课水平；在一次次的分享交流中碰撞出思维的火花……观摩团队成员优秀的课例让我反思自己的课堂、反思自己的教学设计、总结优秀成员的教学方法和课堂处理机制，让自己的课堂教学水平得到提升。

在本书的编写过程中，首先要感谢我的恩师——关心凤老师，是她一直在激励我不断前进，一直在引领我朝着语文专业的方向成长。在恩师的众多弟子中，我大约是成长最慢的一位，有时候看着师兄弟姐妹成长为学科带头人，成长为特级教师、正高级教师，真的是让我惭愧不已！因为2015年至2017年这3年，我的思想有些懈怠了。没有写论文、没有阅读、没有上公开课，专业水平一直停滞不前。很多时候我们之所以停滞不前，最大的原因就是缺少坚持下去的动力，有时候是被繁忙的工作耽搁，有时候是被生活的一地鸡毛阻拦，更有时候是自己的思想"躺平"，当时我总想着这样安于现状挺好！引领我走出舒适区的，不是别人，正是我的恩师——关心凤老师！那次她是应海南陵水黎族自治县教研培训中心之邀来为老师们做培训的，结束之后我送恩师去车站，从学校到车站短短15分钟的路程，恩师跟我谈了很多，我印象最深的是恩师语重心长地对我说："这两年看你语文专业这块儿没有什么成长呀！既然选择了做语文教师这一行，就要有自己的教学主张，向下扎根，向上成长！"恩师的一语点醒梦中人！我羞愧难当……

那次谈话之后，我深刻反省，开始改变自己，钻研教材教法、写论文、做课题等，努力让自己忙起来。虽然我不是最优秀的语文老师，但是在恩师的激励和关怀下，我会努力让自己成为优秀的老师。尽管从省骨干到学科带头人，我的语文专业水平还有待提升，但我始终相信在恩师的引领下，自己能够克服这些困难，一直努力往前走。

其次还要感谢我的家人，特别是我的爱人丁宏栋先生，是他一直默默地支持我、鼓励我。当我一连几天外出培训的时候，是他撑起了整个家，照顾孩子、做好家务；我工作繁忙的时候也是他默默地做好饭菜等我回家，甚至孩子的学习也都是他每天在辅导。有的时候我深深地觉得，我可以算是一个优秀的老师、一个优秀的班主任、一个优秀的副校长，但我却不是一个称职的妈妈、一个合格的妻子……"军功章里有我的一半也有你的一半"，感恩我的老师，我的家人！

最后还要感谢给我引领和帮助的杨孚城校长、贾兴丽校长、胡娇雁校长、梁泽阳校长，以及三亚市刘顺泉校长和海南教育研究培训院王琴玉老师，感谢你们的支持、引领和帮助，感谢卓越班主任工作室团队的伙伴们，感谢你们和我一路同行，一起成长。

美国著名作家安娜·昆德兰曾经说："有些路很远，走下去会很累，可是，不走，又会后悔。"这10年来，我的教学方法从最开始的目标式教学法到"自主、多元、五过程"再到大单元教学，一直到现在的大概念教学评一体化教学，这当中也进行了很多次尝试，但万变不离其宗，最终还是要以学生为主，把课堂还给学生，教师少讲，让学生多说多练，引导学生一课一得。培养学生健全的人格、良好的品德，让学生把文本知识转化为生活技能，学以致用，这才是我们语文课堂的最终目的。

在语文专业这条路上，我会努力，多学习、多反思、多实践、多总结，提炼自己的教学主张，形成自己的教学风格，为每一位学生的终身发展奠定基础。余生还很长，努力做一个正能量的人，做阳光的人，照亮自己，温暖他人。

任学勤

2023年5月20日夜

目录

第一篇 理论研究

创设情境，增强小学语文课堂的实效性……………………………… 2

论小学语文对学生终身发展的奠基作用…………………………… 8

培养小学高年级学生语文学习兴趣的策略……………………… 15

浅谈小学语文高年级课堂导入的有效策略……………………… 19

谈谈小学生情感、态度和价值观的培养………………………… 24

谈谈"先学后教，当堂训练"在小学中高年级语文教学中的应用………28

线上线下融合式教学的产生与发展途径………………………… 32

小学语文高年级整本书阅读导读课设计与实施………………… 38

小学语文教学中应充分运用情境式教法………………………… 45

小学语文中高年级大单元教学实践探究………………………… 47

新课标理念下小学阅读教学实施途径…………………………… 55

"以读为本，读中感悟"在小学语文阅读教学中的应用 ………… 65

小学语文高年级整本书阅读推进课设计与实践………………… 68

智慧班主任教学主张……………………………………………… 76

让期末评语发挥更大的德育功能………………………………… 79

第二篇　教学实践

《暮江吟》微课课堂实录 ···················· 82

《通往广场的路不止一条》导学案 ············· 85

《乡下人家》教学设计 ····················· 89

《浪淘沙》（其一）教学设计 ················· 92

《落花生》第二课时教学设计 ················ 95

"我的发现·日积月累"教学设计 ·············· 98

《童年趣事》第二课时教学设计 ·············· 100

《自然之道》导学案 ······················ 104

"哲理诗"教学设计 ······················· 108

《通往广场的路不止一条》教学设计 ··········· 114

《威尼斯的小艇》第二课时教学设计 ··········· 120

《杨氏之子》第一课时教学设计 ·············· 123

《月光曲》第一课时教学设计 ················ 126

《月光曲》第二课时教学设计 ················ 132

《月光曲》说课稿 ························· 138

第三篇　反思感悟

《跳水》教学反思 ························· 142

《童年趣事》教学反思 ····················· 145

《自相矛盾》教学反思 ····················· 146

《幸福比优秀更重要》读书心得 ·············· 149

保持童心，做一名幸福的班主任……………………………… 151

创设儿童阅读环境，激发好书阅读兴趣………………………… 159

从实际出发，怎样最好，就怎样做……………………………… 165

做阳光语文，享幸福人生………………………………………… 168

保持热爱，奔赴远方……………………………………………… 174

端正态度，认真培训……………………………………………… 175

跟岗研修，尚美之行……………………………………………… 177

关于习课堂的思考与收获………………………………………… 181

培训促成长，研修共提升………………………………………… 183

新培训 新提升 新机遇 新挑战……………………………… 186

数字化信息技术助力小学语文课堂……………………………… 188

与单元整体教学一起同行………………………………………… 191

不忘教育初心，牢记育人使命…………………………………… 193

得遇恩师益终生…………………………………………………… 198

漫漫人生书相伴，文化盛宴在新华……………………………… 202

埋头走路也要抬头看路…………………………………………… 205

向下扎根，向上生长……………………………………………… 207

纸短情长，道不尽的培训感悟…………………………………… 209

附 录 拓展研修

立足课题研究，促进专业发展…………………………………… 214

全国第126期家庭教育讲师暨家校共育研修班培训学习纪实…… 216

提升学校课程领导力，把握课程体系建设……………………… 218

一起研修，一路春暖花开………………………………………… 220

《在名校长工作室的引领下成长》专题讲座学习笔记………… 222

这个冬天，与阳光同行·······················224

重走红军路线，传承井冈山精神···············226

追寻革命足迹，坚定理想信念·················229

专家引领，携手研修，共同成长···············231

走进课堂，观摩学习·······················234

1

理论研究

第一篇

创设情境，增强小学语文课堂的实效性

"情境教学法"是一种通过创设特定的问题、声音、画面等情境，引发受教者的心理共鸣，从而达到施教者与受教者之间带有感触性情感交流的教学方法。正所谓境为情设、情因境生、情境交融而和谐统一。在小学语文教学中恰当地运用情境教学法，能够使得教材更贴近生活、贴近学生、贴近实际，从而起到对学生进行思想教育、生活指导、文化熏陶和智慧提升等的作用。

一、创设情境的重要性和必要性

（一）创设情境能够使学生易于理解教材

小学语文源于生活，却存在一定的抽象化、系统化。小学生抽象思维能力较弱，小学语文课堂教学中需要教师认真领会新课程标准，创设一定的情境帮助学生学懂教材、学会教材、学用教材。如果教师在施教过程中能巧妙地创设教学情境，让学生身临其境，设身处地去思考、去探索，往往能起到化难为易、化繁为简的教学目的。比如在学习部编版五年级语文上册《圆明园的毁灭》时，给学生创设情境，展示一段中国近代史影像，让学生观看并谈谈自己的感受。1860年，因为中国贫穷落后，帝国主义列强对圆明园进行洗劫和焚毁，无恶不作，教师渲染当时火烧圆明园的情境，让学生懂得"落后就要挨打"的道理，从而更加坚定要好好学习的决心，树立报效祖国的理想和信念。通过创设情境，使学生更容易地理解课文、明白课文的含义。

（二）创设情境能促进学生主动学习

在教学过程中要充分发挥学生的积极性、主动性和创造性，让学生真正成为学习的主人，使学生在教师的引导下由被动学习转向主动学习。而主动学习是以学生参与课堂的积极性作为标准的。我们评价一节课的好坏，其中一个重要标准就是课堂气氛是否活跃，即学生是否全面参与课堂学习。在教学中，教师恰当地创设教学情境，往往能够活跃课堂氛围，提高学生的积极性。比如，在教《"精彩极了"和"糟糕透了"》这篇课文时，教师创设这样的问题情境：爸爸和妈妈的爱有什么不同？你是怎么感觉到爸爸妈妈对你的爱的？通过问题情境的创设，学生的热情一下子被激发了出来，纷纷各抒己见，教师适时引导学生得出结论：爱的表达方式不同，但爱的主题是相同的。接着教师继续联系生活创设问题情境：爸爸妈妈的爱给了你怎样的感受和帮助？从爸爸妈妈的爱中你体会到什么？这样连续创设情境的提问，学生就会积极主动地从自己的切身生活谈起，明白父母的爱是不同的，父母的爱是陪伴自己健康成长的必不可缺的重要部分，加深学生对课文内容的理解。

（三）创设情境能提高学生学习兴趣

小学语文思想性强、逻辑严密，正因为如此，教师更要注重对其趣味性的开发。小学语文涉及社会生活的方方面面，教师要立足于学情，注重挖掘学生的所见所闻、所思所想，精心选择典型事例，巧妙创设不同情境，增强学生学习的趣味性；增强学生对语文的认同感，以达到寓教于乐的教育教学效果。例如，在讲授《四季之美》时，结合校园的景物，利用现有的资源进行教学。因为学生每天大部分时间都在学校，学校的风景处处可见。一年四季的美各不相同，春天的万物复苏、夏季的柳树成荫、秋天的落英缤纷、冬季的白雪皑皑……通过这些眼前可见的景物特征结合课文内容进行学习，学生易于表达，学习兴趣就高，就能积极主动地投入课堂的学习中来。联系生活实际创设情境在小学语文课堂教学中的运用能有效提高学生的学习兴趣。

二、创设情境应注意的事项

（一）创设情境中教师的角色

上课是教师精心准备、精心设计的一幕剧，在情境的创设中教师理应成为情境材料的查询者和设计者。在教学中，教师要善于选取典型素材，具备较高的甄选能力，在有限的时间内精心准备，为实现既定的教学目标服务。为了胜任查询者的角色，需要教师平时多留心观察学生、多深入思考社会现象、多提高理论修养。在现代教育技术飞速发展的形势下，教师要娴熟地掌握和运用现代化信息技术，以此把更多好的素材、好的方法"为我所用"。为了胜任情境设计者的角色，教师需要对材料进行必要的筛选，进行优化整合，基于学情及现有的教学资源进行情境设计。同时，教师还要具备开发教学资源的能力，可以根据教学内容结合自己的感受来创设教学情境，融入教学活动，以更好地适应教育教学工作的需要。

（二）创设情境时的素材选择

在教学过程中，情境素材体现为"被探究"功能和引导功能。要实现上述功能，教师选材时要把握以下原则：

1. "小课堂"与"大社会"相结合的原则

小学语文情境创设素材的选择要不断与时俱进，还要符合小学生的思想认识水平和心理特征。教师应密切关注学生身边的人和事，不仅要面向室内的"小课堂"，而且还要面向室外的"大社会"。例如，在选择《什么比猎豹的速度更快》这篇课文的情境素材时，从速度最慢的人到速度最快的光，课文内容涉及的几种事物要恰当选择图片和视频用多媒体——向学生展示，速度最快的光，也可直接用手电筒演示。情境创设素材的选择化抽象为具象能有效帮助学生理解课文内容。

2. 合理性原则

教师在创设情境时要尽量地选择身边真实、典型的素材，因为这样的素材往往教育教学效果较好。针对在选材时可能会面临资源短缺、材料不尽典型等问题，教师还可以把自身生活经验与合理想象相结合；把材料的真实性和虚拟性相结合，以此来弥补现实材料的不足。

3. 民主性原则

教师在创设情境时还要融入民主意识，充分发挥学生的主动性，让学生发表自己的看法并给予引导的同时，也要允许不同的意见存在。事实上，教学民主对教师改进教学工作、对发挥学生的主动性和提高课堂教学效率都能起到积极的作用。

（三）创设情境中的教材利用

打开小学语文课本，我们就会发现课本内有形式多样的教学情境，有的情境采取了观点辩论式；有的情境采取了图文并茂式；有的情境采取了材料分析式等，利用好这些情境素材对学生学习教材有着重要的促进作用。但是，我们在深入学习小学语文新课标后就会发现，教学并不是一成不变地照抄照搬教材，教师要学会利用教材，同时也应该具备开发新资源的能力。一般而言，教材是为实现教学目标而服务的，教师在课堂教学中如果能紧紧围绕"语文素养"展开，也就抓住了教材的精髓。教师完全可以根据学情和自身的知识经验有针对性地创设一些教学情境，服务于既定的教学目标，而不应该仅仅拘泥于一种形式。但是在表述相关定义、理论时，教师要引导学生尽可能地运用专业术语来进行表达。例如，在给学生讲解《鲸》这篇说明文时，教师要给学生讲解什么是说明文以及说明文的特点，让学生明白说明文是一种以说明为主要表达方式的文章体裁，通过对客观事物做出说明或对抽象事理的阐释，使人们对事物的形态、构造、性质、种类、成因、功能、关系或对事理的概念、特点、来源、演变、异同等能有科学的认识。说明文的中心鲜明突出，文章具有科学性、条理性、严谨性，语言确切生动，通过揭示概念来说明事物特征、本质及其规律性。教师用专业的文字说明再加上这篇课文的举例说明，学生对这篇说明文的学习会更清楚明了。

三、课堂教学中的情境创设

（一）导入新课设情境，吸引注意促进思考

良好的开端是成功的一半。课堂导入是为正式进行课堂教学所进行的准备工作，它能够吸引学生注意、激发学生思考、烘托课堂气氛，为学生进入学习状态营造心理准备。课堂导入的方法灵活多样，其中情境导入法是常见的一种方法。情境导入常用的方法有：故事导入、音乐导入、图片导入等。比如，在讲《冀中的地道战》时，采用了视频导入的方法，把冀中人民在地道战中和敌人英勇斗争的情景播放出来，学生的积极性一下子就被调动起来了，从而引出本节课的学习内容。学生在学习这节课时，因为有了视频导入的情境观看，把学生带入了抗日战争时期冀中人民用地道战这个巧妙的战斗方式战胜了敌人的情境中，加深了学生对课文内容的理解。

（二）重点难点用情境，突出重点促进迁移

小学语文课堂如果教师教学方法过于单一而让学生感到学习枯燥，结果可能会导致学生失去对语文课的兴趣，而情境教学法为我们解决这一难题提供了一个可供选择的途径。在语文课堂上，教师可以根据教学内容恰当地创设一定的学习情境。例如，教学《再见了，亲人》这篇课文时，教师事先收集相关的资料，比如关于1958年最后一批抗美援朝的中国人民志愿军返回时的影像资料，特别是志愿军与朝鲜人民告别场面的视频。在学习课文时先让学生观看这些视频，感受当时依依惜别的情境，为学生学习课文奠定感情基调。接着自读了解课文内容之后，教师引导学生有感情地朗读课文，再播放炮火连天的战争年代的视频，让学生如身临其境般感受中朝两国人民不是亲人胜似亲人的感情。事实证明，教师在处理重、难点时如果能创设恰当的情境，可以搭建起学生自身知识结构与所学知识之间的一座桥梁，做到理论联系实际，促进学生理解课文，从而增强语文课堂的生机和活力。

（三）布置作业用情境，学以致用对接检测

一节课上完之后，为了检验学生的学习效果，教师可以给学生适当地布

置一些情境式的练习题。例如，统编版小学语文五年级上册第六单元语文园地的"日积月累"中，可以设计为根据情境，代入名句。如：①校长在全校教师大会上谈到加强作风建设问题时，他引用了司马光的一句话"由俭入奢易，由奢入俭难"。②处在安乐的环境中，应当考虑到潜伏的危机，从而戒除奢侈浪费、倡导节俭，这与魏征所说的"居安思危，戒奢以俭"是一个意思。学生进行这类题的练习有下面两个好处：一是通过创设特定的问题补白情境，能够提高学生运用所学知识分析问题、解决问题的能力，达到学以致用的目的；二是通过阅读材料、分析材料，能够提升学生的阅读能力和答题技巧。小学语文中比较常见的就是材料分析题，也就是短文理解分析。一般情境式的材料分析题检测的都是重要题型，布置练习情境式作业能够有效地检测学生的学习效果，锻炼学生学以致用的综合应用能力。

总之，在小学语文教学中创设情境是非常有必要的，通过借景抒情、借情设疑、借疑引思来体现教师的教学机制。这就需要教师巧妙地运用教材，恰当地选择创设情境的素材、联系生活实际和学生的认知灵活地创设情境进行教学，以增强小学语文教学的实效性。

参考文献

［1］李吉林.李吉林与情境教育［M］.北京：北京师范大学出版社，2006.

［2］艾瑞堂.高中政治课的情境创设［J］.新教育，2014（1）：28.

［3］许松振.创设情境　促进课堂教学［J］.教育艺术，2004（10）：57-58.

［4］李斌.创设情境，引导学生自主探索［J］.教学与管理，2008（26）：30-31.

论小学语文对学生终身发展的奠基作用

一、夯实基础，让小学语文成为"根基"

（一）小学语文是学生发展的基石

在所有学科中，语文是最基础的学科。一个人只有具备了必要的语文常识，才能运用语言去进行思维；有一定的听、说、读、写能力，才能更好地学习掌握其他学科。语文不仅会直接影响政治、历史、地理甚至英语等文科的学习，还会对数学、物理、化学、生物等理科产生一定的影响，能促进学生对理科知识的理解。这是因为语文是一门十分广泛的学科，它能够提升学生的理解能力和逻辑思维能力。万丈高楼平地起，楼高还需有根基。语文教育不仅能够培养学生的语言交流能力，还能够打好后续学科课程的基础，丰富学生的思想、文化和历史素养，促进学生的思维发展。语文最基础的知识学习就是字词句段篇，通过这些学习我们掌握了听说思读写，才能更进一步利用这些能力去学习和理解其他学科知识，所以说学好语文才能强基固本。小学语文在学生发展过程中是基础性工程，对学生思维发展的推动作用也不可小觑。语文水平高，往往理解能力就强，做事效果就佳，所以语文是伴随我们一生的伙伴。因此，小学语文教育对于学生的未来发展具有不可替代的重要作用。

（二）语文是日常交流的工具，而小学语文知识体系是日常交流的基础

语文是人类交流的重要工具，在沟通交流中发挥着传媒和中介的作用，通过语言文字的载体传递信息，是人类的一种高级精神活动。小学语文教育

通过语言文字的学习，提高思想境界、丰富情感表达。小学阶段学习的语文知识虽然比较浅显、简单，但作用不可小觑。

其一，识字和写字。识字和写字在不同年级有不同的要求，从一、二年级的喜欢和主动认写，到对识字和认字有浓厚的兴趣，再到五、六年级独立的识字能力，教学内容遵循由浅入深、由易到难、循序渐进的原则，使学生爱上祖国的语言文字，寓教于乐。当然，在小学一年级，学习汉语拼音是必不可少的。熟练运用汉语拼音就是掌握了识字的金钥匙，不仅识字能够无师自通，而且能掌握查字典的拼音检字法，同时还能提高学生的普通话水平和掌握用电脑打字的方法。有些老年人正是因为汉语拼音不过关而不能很好地使用电脑和手机，被阻隔于信息化之外，吃了没有文化的亏。

其二，阅读。小学阶段的阅读也呈现出不同的阶段性要求，从小学低年级的感受阅读的乐趣、乐于交流到小学中年级联系上下文懂得词语的意思、初步感受作品，再到小学高年级浏览收集信息、畅谈阅读感受，阅读的要求随着年龄的增加而有所提高。课外阅读量由小学低年级的不少于5万字，到小学中年级的不少于40万字，再到小学高年级的不少于100万字，阅读量可以说有了大幅度的提高，这也凸显了小学阶段阅读的重要性。通过用普通话正确、流利、有感情地朗读课文，能纠正读音，彰显语文的音律美，从而为口语交际打下基础。小学阶段的语文是识字、阅读的关键阶段，只有过了字词关，才能进行有效的阅读；才能积累知识、升华自我，而大量的阅读又是学生将来成功成才的重要保证。

其三，书面表达。根据《义务教育语文课程标准（2022年版）》要求：小学阶段的书面表达的第一学段为"写话"，第二、三学段为"习作"。小学一、二年级要求对写话有兴趣，写想说、想象之物，乐于运用所学词语等；小学三、四年级要乐于书面表达，与人分享习作的快乐，把能打动自己的事物写清楚，能写简短的书信、便条等；小学五、六年级要求能写纪实作文和想象作文，学写读书笔记和应用文，能修改自己的习作和正确使用常见的标点符号等。小学阶段的书面表达既体现了注重激发学生的兴趣的作用，也体现了层层递进的原则。

其四,口语交际。我国幅员辽阔、人口众多,不同的地方有不同的方言,而小学阶段的口语交际主要是让学生学会用普通话进行交流交际,这有利于学生将来突破地域限制,更好地融入社会,对构建中华民族"多元一体"的命运共同体意义重大。小学阶段从学说普通话、养成好习惯到用普通话交流,再到乐于参与讨论、做简短发言等的学习,为学生将来走向社会、融入社会做了铺垫。

二、守望呵护,为孩子们搭建精神家园

(一)坚持以生为本进行探究拓展

语文是我们的母语,这就要求教师在教育教学中充分发挥学生的主体地位,基于学情去进行教学,在进行自主、合作、探究时要基于学生的知识经验、认知特点,在教学中创设轻松愉快、积极向上、有趣自在的氛围,优化学生的心智感受。教师在教学中不能一味地"灌输",而应该进行启发引导、循循善诱,让学生在知识的海洋中徜徉。只有这样,学生才乐于接受、心悦诚服。另外,语文认知能力的培养需要教师的"抛砖引玉",针对课堂上的提问,教师的问题设计不能过于简单,当然也不能过于复杂。过于简单,缺乏思考价值;过于复杂,学生难以领悟。最好的问题设计原则是面向大多数学生能够"跳一跳,够着桃",从而体现问题设计的艺术性和启发性。教师不仅要进行书本教学,还要关心、爱护学生,构建民主、和谐的师生关系,关注学生的心理健康,及时疏导学生的不良情绪,做学生的良师益友。

(二)重视学生的情感体验

心理学认为:"情感是发展和维持认知活动的动力,是构成心理素质的重要成分,没有情感就没有智力。"正是因为如此,语文认知能力要建立在情感的基础上。语文教材中的课文,表面上是客观事物的写照,但深层次分析会发现其也是情感的载体。教师只有深入发掘教材中的情感因素,并在

语文课堂中进行剖析，才能使学生的心灵与作者的心灵同频共振，那么整个教学过程也就情趣盎然、充满生机。只有从情感上打动学生，使学生与之产生共鸣，学生才能深刻理解课文中心思想。我在教学四年级下册冰心的《繁星》一课时，向学生提出这样一个问题："你能说出你的妈妈关爱你的经历吗？"许多同学谈了各自的感受。有的说妈妈给自己讲故事、有的说妈妈喂自己吃饭、有的说妈妈给自己买新衣服……谈过感受之后，再让学生朗读课文《繁星》，学生此时朗读的积极性极高。然后我问学生："你能说出母亲关爱子女的一首古诗吗？"学生立刻回答出了《游子吟》，我虽然没做多少指导，但学生很快就把握了这篇课文的情感意蕴。

（三）培养学生的创新能力

随着中国特色社会主义进入新时代，创新作为新发展理念之首，越来越受到人们的关注，而培养创新型人才正是我们教育所面临的重大课题。所以我们在小学语文教学中要根据课文的特点，关注科技发展，关注科技发展带给人类的变化，培养学生的求异思维和发散思维。首先，培养学生的求异思维。求异思维是创新思维的核心，是对思维定式的否定和突破。每位学生都是一个独特的个体，教师要尊重学生的个体差异，鼓励学生大胆地提出自己的见解，避免被动、迷信和盲从。比如，在进行《曹冲称象》《司马光砸缸》和《画杨桃》等课文教学时，教师可以有意地对学生进行求异思维的训练。其次，培养学生的发散思维。发散思维与聚合思维正好相反，是一种从一点出发向多点辐射的思维方式，发散思维有利于我们多角度观察事物、理解事物和分析事物，是测定创造力的主要标志之一。比如，在小学语文教学中，我们可以训练学生一字多组词、一词多造句、个性化阅读、个性化作文等。最后，引导学生关注科技动态。语文课本中的《纳米技术就在我们身边》《千年梦圆在今朝》给我们介绍了纳米技术和我国的航空航天事业的发展。我们不仅要教导学生从过往的历史中汲取创新养分，也要教育学生关注最新的科技发展，紧跟时代发展潮流。当今社会，人工智能潜力巨大，教师可以向学生介绍人工智能高度发展后人类社会的变化，以及给每个人生活、工作和学习带来的变革，从而激发学生的创新意识。

三、传承文化，让孩子们游乐于中华优秀传统文化

（一）根据"六书"通晓汉字的前世今生

汉字是一种表意文字，几经发展演变为今天的方块字。虽然我们现在制定了《汉语拼音方案》，每一个汉字都可以用拼音拼读出来，但想要又好又快地掌握汉字，我们需要运用"六书"理论去分析。教师在教学中用"六书"理论教授汉字，识字教学就会变得形象生动、简单易学、妙趣横生了。许慎在《说文解字》中收录了近万个单字，里面归纳了古人造字的六种方法——象形、指事、会意、形声、转注和假借。象形就是以形画像，是其他几种造字方式的基础，多为独体字。汉字作为一种抽象的符号，不是凭空产生的，而是对自然万物的反映。比如，一些简单的汉字"人""口""手""鸟""象""虎"等属于典型的象形文字，教师在教学中如果错误地根据笔顺去教学，学生不仅难以学会，而且还容易遗忘。但教师如果先配上几幅和这几个字相符合的图片进行讲解，清楚展示由图到字的演化轨迹，识字效果就能够事半功倍。指事指用抽象符号进行提示，造字功能比较弱。比如，"上""下""刃"等汉字属于这类文字，这类文字往往需要我们去猜想。"上""下"比较简单，表示以横线为基准的位置上和下；如果我们认识了"刀"这个字，那么刀的旁边加了一个符号就是"刀锋"，"刀锋"就是"刃"。会意也是"六书"之一，指用两个以上的文（字）组合表示一个意义的造字法。如止戈为"武"、人言为"信"，"休"则表示人在树下休息。形声字分为形旁和声旁，形旁表类别，声旁表读音。比如，"鲨""鲸""鲤""鳙"四个字属于形声字。"鱼"为偏旁，表形旁，也就是说，有"鱼"作为偏旁的字一般是一种鱼类，而"沙""京""里""庸"则表读音。转注和假借用得不多，这里就不再赘述。

（二）让孩子们过上现代版的中国传统节日

小学语文一年级有一篇课文叫《春节童谣》，文章以平实、押韵、儿歌式的语言向我们介绍了中国最隆重的传统节日——春节，我们大人读起来是满满的回忆；小朋友读起来是满满的向往。小学语文二年级下册有一篇课文题目为《传统节日》，课文以歌谣的形式讲述了中国的传统节日以及节日的习俗，主要有春节、元宵节、清明节、端午节、七夕节、中秋节、重阳节七个节日。课文不长，但读起来却朗朗上口、亲切质朴，表达了几千年中华文化的沉淀和传承。这些传统节日触碰到了我们中华民族内心深处的精神追求、文化脉络，是中华文明几千年生生不息、发扬光大的火种，是值得我们每一位华夏儿女骄傲的文化符号，标识了我们脚下这块土地是中国。曾几何时，西方的圣诞节、情人节等"洋节"曾在中华大地上大行其道，甚至有些人认为"西方的月亮比中国圆"，但值得我们庆幸的是，随着中华民族伟大复兴步伐的加快，这种现象逐步没有了市场，坚持和发扬中华优秀传统文化已经成为国人的共识。我们的传统节日不仅要走进课本，还要走进学生的心灵深处。比如，学校可以举行一些有关传统节日的活动，像猜字谜、有奖竞答、诗歌朗诵、故事表演等。也可以在清明节带领学生祭奠先祖、祭奠英烈，用文明祭扫、网上祭扫来表达我们的哀思。另外，还可以针对春节时学生的压岁钱怎么花展开讨论，引导学生理性消费等，让学生真切感受到传统节日的魅力。

（三）正确对待传统思想

随着课程改革的不断深入，我们发现古诗文在课文中的占比有了显著的提升，小学阶段的增量尤其大，统编版一至六年级教材收有古诗文129篇（首）。增加古诗文篇章，并不意味着轻视我国现代文和国外作品，而是要打牢语文功底，更好地继承和发展我国传统文化的丰厚遗产，古为今用，更好地服务于我国社会主义现代化建设。所以，我们不能一味复古，而是要对传统思想进行科学分析，要继承过去、立足当下、着眼未来。随着中华优秀传统文化越来越受到重视，我们要坚持对传统思想进行创造性转化和创新性发展，统编版教材安排了一些浅易的文言文，比如《司马光》《将相和》《刻舟求剑》《晏子使楚》《王戎不取道旁李》《少年中国说》等，这体现了从语文教材着手，为弘扬传统文化"打底"。中国的传统思想是一个复杂、庞大的体系，贯通儒道佛，涉及修身、齐家、治国、平天下的诸多方面。这其中有精华也有糟粕，我们需要取其精华，去其糟粕。比如仁爱、民本、诚信、正义、大同等观念，都是精华部分，可以继承、吸收和转化，而男尊女卑、愚忠、愚孝、宿命等封建糟粕应该予以剔除，而不能一味地照抄照搬、食古不化。所以，我们要正确对待传统思想，善用转化和发展，坚持和践行社会主义核心价值观，为学生的健康成长提供精神滋养。

总之，小学语文能够引导学生树立正确的道德观、人生观、价值观，学好小学语文能够学到许多为人处世的道理。要发挥语文教育培养学生良好人文素质和科学修养的作用；发挥语文在交际活动中的工具性的作用，提升小学生的素质，为孩子们插上梦想的翅膀，让孩子们成为勇于担当民族复兴大任的一代新人。

参考文献

[1] 温儒敏.让优秀传统文化在孩子心田发芽 [J].清风，2021（16）：7-8.

[2] 宋永涛.小学生硬笔楷书教学之我见 [J].黑河教育，2021（2）：41-42.

[3] 孙丽曼."六书"理论与识字教学 [J].黄冈师范学院学报，2013，33（5）：167-168.

[4] 孙使粗.问题导学法在小学数学教学中的应用策略 [J].求知导刊，2022（23）：29-31.

[5] 孙孟琦.融媒体背景下大学生思想政治教育强化研究 [J].人生与伴侣，2022（39）：92-94.

培养小学高年级学生语文学习兴趣的策略

我曾对班级学生进行调查，发现有近一半的学生看到语文课本就感到厌倦，对语文学习不感兴趣。另外，还有一些学生这样认为：上到小学毕业得了，然后出去打工，照样可以赚钱生存。真正想通过上学读书改变自己命运的寥寥无几。这说明大多数学生不是不想读书，而是学习态度不端正，缺乏学习兴趣，处于想学而又不愿学的心理状态。因此，培养学生的语文学习兴趣就显得非常重要。那么，教师怎么才能培养学生的学习兴趣，更好地提高语文课堂的教学质量呢？我觉得要重点从以下几方面着手。

一、课前师生双方要做好精心的准备

教学是师生双方的交互性的活动，任何一方出现了问题都会影响到教学效果。一方面，教师要认真备课，在课前充分准备好激发学生学习兴趣的材料、话题等，做到有的放矢、有备而来。备课要求备教材、备学生和备教法。针对不同基础和学习能力的学生采取的教法应该是有所区别的。课堂上只有40分钟，要想让这40分钟过得有效率，就需要教师在备课上下功夫，以形成与学生实际相符合的行之有效的教学方法。另一方面，学生要做好必要的、有针对性的预习。教师可以根据学生的认知水平和心理特点，引导学生做好课前预习。爱玩、好动、好奇心强是小学生的天性，教师可以指导学生根据学习目标进行课前预习，利用网络收集与课文相关的资料、图片、文字等，查找与作者相关的材料，观察现实生活中的自然景观和风土人情等。

就像鲁迅先生说的，"必须如蜜蜂一样，采过许多花，这才能酿出蜜来，倘若叮在一处，所得就非常有限了"。学生掌握大量的材料，既锻炼了动手能力，又培养了自学精神，还为课堂教学打下了基础。

二、新课开头时要精心导入，激发学生的兴趣

课堂教学中能否一开始就激起学生的学习兴趣，让学生把注意力集中在教学上，直接影响到本节课课堂的教学效果。教学中要注意运用多种方法导入：①故事导入法：根据学生爱听故事、对新鲜事物好奇的特点，叙述一个与课文内容相联系的故事，比如教学六年级上册的《月光曲》时，可采用故事导入法；②唱歌导入法：比如在教学《中华少年》的诗歌朗诵时，教师可以唱歌曲《我的中国心》来激发学生的学习兴趣，唤起求知欲；③设疑导入法：比如在教学《最后一头战象》的时候，可以先设疑引起悬念激发学生非读不可的好奇心；④绘画导入法：比如在教学《小英雄雨来》的时候，可以在黑板上用简笔画画出雨来的家乡——还乡河边的芦花村，提高学生的阅读兴趣。总之，课堂导入的方法很多，要根据具体的课型以及教学内容恰当选择，精心导入，让学生体会到课堂教学的生动有趣、丰富多彩。

三、在教学过程中要丰富教学形式，努力提高学生兴趣

教学形式如果过于简单，学生会感到枯燥无味，从而不愿意学习，因此教学形式一定要丰富多彩，特别是教学方法要灵活多样。在进行阅读课教学时可运用合作探究式教法，学生自己阅读并提出问题、解决问题、交流汇报；在进行讲读课教学时可运用先学后教、当堂训练教学法，学生自讲课文，自己设计练习作业，要充分发挥学生学习的主体作用和参与意识，必要时可以让学生上台表演、朗诵和讲解，教师还可以根据教学内容设置小组讨论，组织学生开展学习竞赛；在教学过程中要多运用情境式教学法，给学生预设恰当的情境，让学生如身临其境；等等。总之，课堂教学要采用多种形式，努力提高学生的学习兴趣，增强学生的学习效果。教师在教学中要扮演

好导演这个角色，运用多种形式的教学方法，做到松紧适度、有张有弛，在吸引学生的注意力方面做到恰到好处。

四、在课堂教学中要善于运用现代化教学手段，营造增强学习兴趣的氛围

恰当地运用现代化教学手段，能强烈激发学生学习新知的兴趣。恰当运用多媒体导入课文，创设学习情境，能够活跃学生思维；恰当运用多媒体讲解重点、难点，容易突出重点、突破难点；恰当运用多媒体进行小结，可以加深学生的印象，巩固本课学习内容。总之，恰当运用多媒体辅助教学能让学生亲身感受课堂教学情境，融入课堂教学之中。当然，这需要教师进行教学准备的时间也相对比较长。如果教师能根据学生的自身特点开展多媒体辅助教学，就可以有效地激发学生的学习欲望和学习动力，营造并增强学生的学习兴趣，极大地提高学生的学习效果。

五、在教学中要创设民主、和谐的教学环境

"亲其师才能信其道。"教师一定要爱护学生、尊重学生、理解学生、信任学生。在日常教学工作中，要给学生充分的自学和讨论的时间，要重视学生的发言和创新、重视集体的作用、重视学生的合作学习，在解决重点、难点时要多与学生进行交流。比如，多与学生进行共同讨论、多引导学生积极参与课堂教学、多指导学生积极探索新知、多和学生交流学习方法……当学生有困难时要及时伸出援助之手，要给予真诚的帮助，让学生感受到来自老师、同学和集体的温暖。教师要在学生中树立教师亲、善、明的威信，做学生学习和生活中的榜样，这样不仅能使学生对教师产生较深的情感，而且会激发出学生对教师所教学科的学习兴趣。另外，教师在教学中，还要多运用赏识教育，对学生要采取多鼓励、少批评的方式进行教育；对学生进行耐心细致的思想工作，注重树立学生学习的自信心，增强学生学习的自主性，增加学生学到知识的喜悦，促进学生产生渴望成功的愿望。

六、突破重难点时要给学生搭建学习支架

让学生体验攻克重难点后的乐趣，对于重难点的教学，在新课结束时要精心设计课堂结尾，留给学生足够的思考与回味的空间。

一堂课要结束了，怎样才能让不同层次的学生都能体验到成功的快乐，有一种余意未尽的感觉呢？教师在新课结束时要设计好结尾，例如，教师可以选择一些针对本节课的教学内容而设计的思考题，以培养学生的动手、动脑、动口的行为习惯，也可以布置一些为下节课学习进行铺垫的作业，引导学生课后查阅资料，留给学生足够的自主学习与合作探究的空间。总之，教师要让学生觉得学习这节课以后有所收获，知道自己课下应该做些什么、怎样做，这些都应该是在课堂教学中特别是在新课结束时让学生明确的，要让学生在思考中成长，在探索中进步。

有位教育家说过，兴趣是最好的老师，没有学习兴趣的学生，就像断翅的蝴蝶，想飞却飞不起来。这就要求教师在教学过程中注重培养小学生的语文学习兴趣，只有学生对语文课产生深厚的兴趣，教师的教学工作才能实现真正意义上的飞跃，这样才有利于培养和提高学生的自主、合作与探究的精神和学习的质量，从而大大提高课堂教学的实效性。

参考文献

卢永生.怎样培养学习语文的兴趣［J］.现代语文（教学研究版），2007（10）：82-83.

浅谈小学语文高年级课堂导入的有效策略

——以统编版小学语文六年级教材为例

课堂导入是课堂教学的开场白，它起着联系师生情感、打开课堂教学、引入新课的重要作用，是课堂教学中师生之间沟通的第一个环节。小学高年级（五、六年级）学生已经掌握了一些学习方法，他们的自主探究能力在快速发展。在这个阶段，小学语文高年级课堂导入的有效方法应重在新颖、趣味和多元。因此，我结合名师名家的课堂导入以及相关分析研究，谈谈小学高年级语文课堂导入有效策略的几种常用方法在日常教学中的研究和实践运用。

一、激趣导入

激趣导入是课堂有效导入方法的统称，具体包括歌曲导入、游戏导入等。在教学中要结合学情、教学设备和教学环境等因素恰当灵活地设计激趣导入。例如，在教学《丁香结》一课时，我先出示图片，引导学生看图猜丁香结为什么叫丁香结？学生看图后自由回答。接着我让见过丁香花的学生或课前查阅了资料的学生简单介绍丁香花，并引导学生深入课文去感受作者借丁香结所表达的情感。这节课用图片导入的方式激发了学生的学习兴趣，丰富了学生关于丁香花的知识，用大约3分钟的时间导入课文文本，使学生快速进入课文阅读学习中。

二、设疑导入

在小学语文高年级课堂教学中，设疑导入是一种普遍运用的课堂导入方法。教师通过设疑导入达到课堂上师生互动、生生互动，激发、锻炼、引导小学生独立思考的目的。质疑的问题要联系学生已有的知识经验并结合现实生活，让学生有疑而问，促使学生发现问题、提出问题、解决问题。例如，在统编版六年级上册课文《花之歌》的课堂教学中，用设疑导入："同学们，你们的生活中有哪些花？是什么花？"学生自由回答。教师紧接着提问："这节课我们学习《花之歌》，请同学们认真阅读课文，想想从哪些地方可以看出'我'是花？"这样设疑导入，学生会第一时间带着问题去学习，从而提高教学的有效性。再如，在人教版四年级上册课文《黄河是怎样变化的》的课堂教学中，用设疑导入：人们都说黄河"一碗河水半碗沙"，黄河为什么会这样呢？你们想知道其中的原因吗？学生带着问题自学课文。这样的设疑导入有效地把学生引入课堂学习，自学情况效果较好。

三、情境导入

情境导入是新课改倡导的一种课堂导入方式之一。情境导入能有效减少教学的难度，使学生真正成为课堂的主人，主动获取知识。创设情境导入的方式很多，如音乐渲染、直观展示、角色扮演等。例如，统编版六年级上册《月光曲》，在授课时可以先播放乐曲《月光曲》，让学生感受这首曲子的美妙，从而引发学生疑问：这么美妙的乐曲是怎么创作出来的呢？在阅读课文第9自然段贝多芬创作《月光曲》的时候，学生就会对皮鞋匠兄妹俩听着乐曲产生的联想有深刻的感受。教师配乐让学生朗读皮鞋匠兄妹俩听《月光曲》产生的联想，这种氛围很好地带动了学生内心的情感，从朗读中可以感受到他们身临其境地理解了兄妹俩听《月光曲》的感受以及贝多芬创作《月光曲》的情感。

四、多媒体导入

随着科技的发展，多媒体教学设备在农村中小学也逐渐普及。小学高年级教师多数是中青年教师，普遍掌握了一定的多媒体应用技术，多媒体导入法在小学高年级语文课堂教学中应用也较多。多媒体导入比较新颖，声色画的组合，极大地吸引了学生的注意力，激发了学生自主借助多媒体学习的积极性。例如，在执教统编版六年级上册课文《浪淘沙》时，可利用课件出示黄河奔腾的图片，教师提出疑问："同学们，你们猜猜这幅照片拍的是哪里？"学生回答"黄河"。教师："我们能用哪些词语来形容黄河呢？"学生自由回答。接着教师导入："同学们的词汇真丰富。"教师板书《浪淘沙》。学生齐读课题，接着播放古诗赏析《浪淘沙》小视频（大约5分钟）。学生观看古诗赏析的视频，初步学习古诗。课堂上通过多媒体出示图片、视频等进行导入，直观形象、感染力强，学生更深切地感受到古诗中所蕴含的情感，学生反馈课堂效果优秀。由此可见，根据课文内容结合与之紧密联系的图片、视频等多媒体素材作为课堂导入是一种很好的课堂导入方式。

五、复习导入

"温故而知新。"复习已学过的知识，让学生的头脑中对所学的内容不断地再现，也是一个巩固知识的过程。在复习的过程中，有些前后知识具备关联的课文，我们在设计导入时可以前后贯穿起来。比如，我设计的统编版六年级上册第26课《我的伯父鲁迅先生》的导入先进行了提问：同学们，我们学过有关鲁迅先生写的文章，你们还记得是哪一课吗？文章主要写了什么内容？学生回答完毕。教师导入：这节课我们再来学习一篇有关鲁迅先生的文章，接着板书《我的伯父鲁迅先生》。复习导入可使学生结合旧知识举一反三、融会贯通。因此，教学前先结合新授内容复习导入，让学生多方面回忆、思考、复习旧知识，产生探求新知识的兴趣，更好地融会贯通，极大地提高学生的学习效率。

小学语文高年级课堂导入的方法还有很多，比如直接导入、解题导入等。我从最易操作、简单实效的几种方法入手，通过不断的学习、实践、总结、反馈，将以上这些方法恰当运用到五、六年级语文课堂中，效果显而易见。需要特别说明的是，小学语文高年级课堂导入有效策略在设计和实施的过程中要注意以下两点。

一要简明扼要。教师在导入时要设计简单明白的导入语，一般在2—5分钟内完成导入教学，导入时间不宜超过5分钟。

二要恰当有效。教师要根据教材特点和学情，选择、设计有效导入的方法，如果课堂导入千篇一律，就达不到事半功倍的效果。

小学高年级课堂导入策略的有效实施，让语文老师转变了课堂导入教学理念，把课堂的随便导入变为模式导入，不仅明确了课堂导入的目标而且既新颖又有实效性。小学语文课堂导入的有效策略有很多，教师要根据教材内容和学情恰当地选择有效策略导入新课，以激发学生学习兴趣为主，发挥学生在课堂中的主体地位。在以后的教育教学中，我会继续研究、实践、探索小学语文高年级课堂导入的有效策略。

参考文献

[1] 吴迪. 教育的全部意义在丰富心智 [M]. 上海：华东师范大学出版社，2015.

[2] 龚如君. 让语文教学有趣简单高效 [M]. 重庆：西南师范大学出版社，2011.

[3] 李怀源. 小学语文：单元整体教学构建艺术 [M]. 重庆：西南师范大学出版社，2009.

[4] 段昌平. 语文课堂教学艺术研究 [M]. 成都：电子科技大学出版社，2007.

[5] 温儒敏. 义务教育语文课程标准（2011年版）解读 [M]. 北京：高

等教育出版社，2011.

［6］秦训刚，晏渝生.全日制义务教育语文课程标准教师读本［M］.武汉：华中师范大学出版社，2003.

［7］高正中.让导入成为小学语文课堂教学的亮点［J］.学周刊：A，2013（4）：119.

［8］陈立钊.小学语文教学中文化的导入［J］.新课程：小学，2012（11）：141.

谈谈小学生情感、态度和价值观的培养

俗话说："万丈高楼平地起。"小学阶段的教育教学在学生的一生中处于打基础阶段。由于受传统应试教育的影响，教师往往只注重课本知识的传授，而忽略了对情感、态度和价值观的培养和挖掘。我认为小学阶段的教学，各学科都应该把情感、态度和价值观的教育作为教学的核心与灵魂，放在更加突出的位置，几方面齐抓共管，培养学生健康向上的情感、态度和价值观。"种瓜得瓜，种豆得豆"，教师传授给学生什么样的知识，学生就会以什么样的认识去树立自己的人生目标，就会相应产生什么样的情感、态度和价值观。我认为应从以下四个方面结合实际去培养学生的情感、态度和价值观。

一、加强情感、态度和价值观的培养的重要性

在本学期的教学工作中，我发现我任职的学校学生的道德素质普遍不高，特别是五、六年级的男生，行为习惯更是如和尚打伞——无法无天。学校内有些个子高大的男学生辱骂女学生、打架闹事、上课扰乱课堂纪律、欺负弱小同学的现象时有发生。更有甚者，有个别学生甚至对老师也不尊重，竟然辱骂老师！让我印象最深刻的是，我刚调动来学校的第一天，这里的高年级的学生就来欺负我。当时，我提着水桶打水回来，有几个六年级的男同学竟然往水桶里面吐口水，还用方言说脏话，当时我就被气得说不出话来。我准备把那几个学生叫到办公室好好教育他们，可是他们一个个都脚底抹

油——溜得快，我凭着印象找到了其中一个学生，他竟然不承认做错事了，还说我诬陷他。待到心平气和之后，我开始寻找发生这种现象的原因，就是学生思想道德素质和科学文化素质不高引起的，这也同我们在日常教学中不注重学生情感、态度和价值观的培养和这方面培养的低效性有关。为此，我认为当前小学教育，特别是农村小学教育，加强学生的情感、态度和价值观的培养势在必行。

二、情感、态度和价值观的教育要从家庭教育抓起

记得有次在教科局参加家教会议时，有几个家庭教育专家谈到了一个实例：某中学的一个男生，竟然公然辱骂女教师，女教师忍无可忍打了他一巴掌，那个男生就回家叫来家长，家长不仅要打那个女教师，还勒索女教师，说女教师把自己孩子打出毛病了，要求赔偿精神损失费。这个实例让我很震惊，如果我们的家长能体谅老师，我们的学校教育平时注重学生的情感、态度和价值观的培养，这样的事情还会发生吗？"种树者必培其根，种德者必养其心。"道德是人类社会的永恒话题，中国自古以来就被誉为"礼仪之邦"，人们崇尚道德，遵守道德，有德者人皆仰之，无德者人皆弃之，道德乃做人之根本。但是现在，很多地方，特别是山区的村民，他们往往有这样的错误观念：认为只要能够赚到钱，让孩子吃好、穿好、用好就万事大吉了。对孩子的教育特别是道德品质的教育更是充耳不闻、甩手不管。有些家长甚至不但不管教孩子，还纵容孩子在学校横行霸道，这种观念真的很可悲。要知道，孩子养成这种恶劣的品质，以后必将是做家长的最大的损失，等到一切不可挽回时，恐怕家长再怎么教育也是回天无力了。"善不可失，恶不可长"，为此，情感、态度和价值观的培养，要从家庭教育抓起，首先要从转变家长的教育观念做起。家长在家庭中要转变轻德重智的思想，在家庭教育中有意识地培养孩子的思想道德品质，把"做人"放在更加突出的位置，要教育孩子在家里要体谅父母的艰辛，培养孩子的孝心；教育孩子与其他同龄人相处时要友善，培养孩子的爱心；教育孩子在学校要尊敬师长，做

到知书达礼。

三、在学科教学中要注重培养学生的情感、态度和价值观

无论学生学习哪门学科，教师都要自觉在教育好学生学习的同时，要抓好学生的德育教育。如果一个人道德品质败坏，就算他学问再高，也难成大器。特别是语文教学，教师要恰当地根据课文以及口语交际和习作，对学生进行情感、态度和价值观的培养。青少年是祖国的未来，青少年道德水平的高低，将直接影响中华民族的明天。所以，加强道德建设，投身小公民道德建设的实践，更应该从小处做起，从一点一滴做起。在教学中，教师应恰当地创设情境，根据具体的教学内容，贯穿情感、态度和价值观的教学，让学生有正确的情感、态度和价值观的概念。比如在教学六年级语文上册的第一单元时，要求学生要爱护大自然的一草一木、一花一石、一山一水，要节约资源，保护环境，虽然我们一个人的力量是渺小的，但是如果全班级、全学校、全社会一起行动起来，力量将会是巨大的，效果也将是不同凡响的。再比如教学第七单元时，教育学生要养成良好的行为习惯，有同情心、有爱心，关心身边的动物朋友，保护身边的小动物，要知道，人和动物是和谐存在的，如果人类继续肆意残杀动物，地球上只剩下人类的话，最终的结果必将是自取灭亡。各科教师在进行常规教学时要把知识、能力与情感、态度和价值观有机统一起来，要根据学科特点自觉提升学生的情感、态度和价值观，把情感、态度和价值观作为一节课的灵魂和核心来对待，使学生在潜移默化中受到熏陶和教育，要做到教书与育人的密切结合。

四、加强社会实践，践行情感、态度和价值观

海南省为了打造国际旅游岛开展了"文明大行动"系列活动，在我们陵水黎族自治县的小学中，"小手拉大手，文明我先行"活动也开展得如火如荼，这就为对学生进行社会实践，践行情感、态度和价值观提供了一个平台。学生在学校接受教育的目的并不是让学生永远生活在"象牙塔"里，而

是要走入社会、适应社会、奉献社会，做到个人价值与社会价值的统一，所以在学校受教育阶段就加强学生的社会实践是非常必要的。由于种种原因，我国教育中"唯分数论"还相当有市场，教师和学生整天在"书山题海"中度过，而给予学生接触社会、了解社会的机会非常有限，这就造成有些学生"高分低能"，甚至导致有些学生服务社会的意识淡薄。有时学校组织一些社会实践活动，小学生的父母和爷爷、奶奶往往都要跟着，怕自己的"小皇帝""小公主"们吃不消，甚至有些学生考上了大学后，很多家长们还放心不下而到学校帮助他们报到，这在大学校园内屡见不鲜。针对这种现象，我认为在小学阶段时学校、家庭和社会就应该积极创造条件，给学生创造更多能进行社会实践活动的机会，从而培养学生的优秀的精神品质。"赠人玫瑰，手留余香"，我们不仅要在认识上到位，而且更应该在行动上体现、感受中升华。近年来，我国公民道德水平的状况却不容乐观，单从我自己亲身经历的一些小事就可以反映出来，公民道德水平低下，对构建和谐社会会产生一些不利的影响，因此，加强公民思想道德建设，意义非常重大。加强学生的道德修养与文明习惯，应该从小处着手、从孩子抓起、从行动中培养。在各科教学中渗透思想道德教育，解决的只是思想认识问题，但认识和现实是有差距的，这还需要开展相应的社会实践活动，做到知和行的统一。

总之，培养小学生正确的情感、态度和价值观从某种意义上来说就是要加强学生思想道德建设。作为社会主义精神文明建设的重要内容，需要家庭、学校和社会共同参与，形成合力，从身边做起、从每一件小事做起、从一言一行做起、从我们教师做起，教育学生在学校里做个好学生、在社会上做个好公民、在家庭中做个好成员。只有人人投身于道德建设，才能在全社会形成一种"人人讲道理，人人守道德"的良好氛围，只有这样才能更快地促进社会的和谐发展和文明进步。

谈谈"先学后教，当堂训练"在小学
中高年级语文教学中的应用

教学教法的改革，一方面旨在提高学生的学习兴趣、提高学生的学习效果、提高课堂的教学质量；另一方面，通过更新教师的教育教学观念，形成民主、平等、和谐的师生关系，为学生将来踏入社会打好基础。为此，我认真地学习了河南省沁阳市永威学校蔡林森校长所编写的《教学革命——蔡林森与先学后教》这本书。我在六年级的语文教学中，通过一段时间的运用，基本达到了大面积提高教学实效性的目的，学生普遍感觉学得会、学得好，并且在县小学语文知识竞赛中取得了一定的成绩。在这里我谈一谈自己在实际教育教学过程中将此教法运用于教学实践的点滴收获，此教法主要有四个环节。

一、出示目标：根据教学大纲的要求和学生的学习情况确定学习目标

学生在每上一节课之前，都要明确自己要掌握什么内容，也就是要给自己制订学习目标，有了学习目标，学生才知道劲往何处使，教学实践中的师生活动才具有明确的目的性和计划性，为了实现学习目标的学习才是真正意义上的有效的学习。小学语文的学习目标一般来说可以分为以下几个层次的目标：第一个层次是基础性目标，主要是认识并掌握字、词，理解并运用这

些词语；第二个层次是提高性目标，主要是读懂、读通课文，厘清课文的结构层次并能给课文分段；第三个层次是升华性目标，主要是体会文章的中心思想，感悟文章所要传达给读者的情感，感受自身写作方面的启迪和借鉴。学生确定了学习目标，学习上就能做到有的放矢、逐步而行。出示教学目标之后，教师要有效地指导学生自学。

二、自学指导：自学指导的制定要体现分层教学的原则

也就是说，自学指导不只是体现教学目标，更重要的是要紧扣教学目标精心设计思考题，因为思考题直接关系到学生学习的路线和自学的效果。所以，要根据学生的接受能力和学习的内容精心设计思考题。原则上说，思考题的设计有三个层次：一是基础性的问题，也就是学生通过初读课文就能解决的问题，比如课文的内容是什么、课文主要写了什么事情，等等；二是能突出重点、解决难点的问题，比如课文的中心思想怎样归纳、课文的段落层次怎样划分、学习了课文你受到什么教育或者启发，等等；三是拔高性的思考题，一般来说是学习并运用课文的表达方法。这也就体现了分层教学的原则。对于基础一般的学生，通过学习课文能解决自学提示的第一、二个问题；对于成绩较好的学生，通过学习课文能解决以上几个层次的问题。这样在课堂教学中，学生才会有所提高。成绩差的学生不会"嚼不动"，成绩好的学生也不会"吃不饱"。

三、先学后教：这个过程一般可以通过两个"比"来完成

先学后教方法可以使学生自学和教师点拨相结合，在这个环节要体现出时间的先后，通过激发学生的学习兴趣，进行小组比赛。一是比读书。让学生独立自学课文，可以在这个过程中训练学生的跳读、粗读、精读。要求学生在规定的时间内自读课文、读懂课文、读通课文，在这里要着重体现教学中"先学"的理念。然后要求教师与学生互动，可以指名或者让学生自告奋勇来朗读课文，检查自学效果，看哪个小组课文朗读得标准并富有感情。

在指名读书的过程中，一般提问的是差生，让他们在读书的过程中暴露学习弱点，比如字词的正确读音等，如果出现错误，则让其他学生帮助其纠正，并且要写在纠错本上。教师要密切关注学生的朗读情况，将易错字、易错词适机板书在黑板上，在这里要着重体现"后教"的理念。二是比分段。让学生读通课文之后，按照一定的顺序或者结构，划分段落层次。一篇文章，教师一般要多提问几个同学，让他们各抒己见。如果学生的意见一致并且是正确的，这就说明学生对课文内容的理解已经比较透彻；如果学生的意见在此问题上出现了严重分歧，教师就要进一步询问学生划分段落的依据，只要学生划分得有理有据，教师都要给予肯定；如果学生都划分错误，这就需要教师静下心来，多思考学生错误的原因，适时进行引导和启发。教师要注重引导学生自己去判断划分的正误，多分析几种不同的划分意见，然后再综合归纳，最后确定正确的观点，并分析此观点的思路，并给予学生及时的评价。

四、当堂训练：根据本节课的学习目标，精心设计练习题

教师在设计练习题时，要体现学习目标和一定的阶梯性，练习题既要有基础题，又要有拔高题，还要有少量的选做题。这样在完成练习的过程中，一般的学生就可以及时完成基础题，而学习能力较强的学生，则可以完成拔高题和选做题。练习结束之后，首先教师要随机抽检几位学生，其他学生的练习则要由同桌对改、互评、纠错；其次针对每人的错误之处还要由本人当堂改正；最后教师根据学生的学习情况总结评价当堂训练练习的完成情况。当然，有些学困生在完成练习的时候，如果遇到搞不懂的题或者知识点，就让同桌给其讲解，如果同桌也不懂，则由教师再适当地引导。在完成练习之后出现的错误，安排同桌互相督促对方，并且检查对方的改错情况。这就是所谓的"兵教兵，兵强兵，兵练兵"。所以教师在安排学生的座位时，要注意优差生结合，或者中差生结合，以便于优秀生带动学困生学习。另外，对于课堂上知识没有掌握的学生，也可以利用课余时间让小组长督促其完成，如果实在完不成，就让学生回家之后，家长帮助辅导其完成，这样将学校教

育和家庭教育紧密结合，学生学习效果会更好。

　　"先学后教，当堂训练"法特别适用于中高年级的语文教学，如果在教学实践中灵活运用，一般来说效果还是比较明显的。这是因为中高年级的学生，语文知识积累已经达到了一定的水平，有了一定的自学能力，分析问题、解决问题的能力也有了一定的提高，通过教师的引导能够进行合作探究学习。总之，一切从学生出发、一切从实际出发，怎样教学最好，就怎样进行施教。

参考文献

［1］蔡林森.教学革命——蔡林森与先学后教［M］.北京：首都师范大学出版社，2010.

［2］刘金玉."先学后教，当堂训练"：破解五大难题——江苏洋思中学课堂教学策略剖析［J］.复印报刊资料：中小学教育，2009（9）：69-72.

线上线下融合式教学的产生与发展途径

《义务教育语文课程标准（2022年版）》前言中指出：随着义务教育全面普及，教育需求从"有学上"转向"上好学"，必须进一步明确"培养什么人、怎样培养人、为谁培养人"，优化学校育人蓝图。当今世界科技进步日新月异，网络新媒体迅速普及，人们生活、学习、工作方式不断改变，儿童青少年成长环境深刻变化，人才培养面临新挑战。

一个国家的发展进步很大程度上取决于该国的国民素质，而国民素质的提高不得不依赖于教育，所以几千年来教育受到了各国的重视，而教育方式的发展是衡量教育进步与否的重要标尺。随着网络技术的迅速发展，线上教育获得了飞速发展的契机。在当今的现代化教育中，线上教育已经异军突起，成为当代教育中不可或缺的教育方式，其优势正在得以凸显，给教育行业带来了革命性的变化。在社会信息化的大背景下，教师要认清线上教育与线下教育的发展规律，线上线下教育融合，趋利避害，发挥优势，恰当运用于教学实践，这样才能最大限度地推动教育事业的发展进步。

一、线上教学是社会数字化信息化的必然产物

教育是人类特有的社会现象，几乎人类社会一经产生，教育也随之出现，广义的教育伴随人的一生。传统教育呈现出教育信息量少、受时空限制较大和教育手段单一等弊端。而线上教育是科技时代发展的产物，让人们足不出户随时随地就可以学习知识。

线上教育与线下教育相比，具有以下特点和优势：其一，线上教学中网络成了主要的传输工具。这得益于现代信息技术的发展，特别是网络强有力地渗透到社会生活的方方面面，体现了社会发展的必然趋势和必然选择。其二，能综合利用社会资源，突破时空限制，使学校教育走出校园，向社会各方面进行渗透，集中学科优势和教育资源优势，把社会所需要的知识、技能传播开来，推动社会的更新换代和发展进步。比如在新型冠状病毒感染时期，停课不停学，全国各地多数学生通过线上教学继续完成学业，以小学语文学科为例，学生通过线上学习课文内容，教师在线上听写生字词，学生写完通过视频或者拍照发给教师修改，这种线上教学方式在一定程度上确保了学生对基础知识的掌握。其三，网络教育便捷灵活，充分满足了现代教育和终身教育的需求。线上教育是学习行为、学习方式的重大变革，其显著特征是任何人可以在任何时间、任何地点学习任何课程的任何章节，使得受教育者可以更主动地学习，具有传统教育不具备的优势。其四，线上教育是交互方式和问题解决方式的革新。教师与学生、学生与学生可以通过网络平台交流和互动，师生、生生的距离大大拉近，教师与学生的交流互动更加广泛与频繁。教师通过计算机的特定程序能对学生的参与度进行精准统计，更加有针对性地指导学生学习的重点难点，为学生答疑释惑。其五，网络教育使得无限传播、重复播放和自主选择成为可能，为个性化教育提供了现实有效的途径。一方面，在线上教育中，教师可以对学生的个性资料进行分析，对学生的学习过程进行有效的跟踪、反馈。另一方面，网络可以根据系统记录的个人资料，提出有针对性的个性化学习建议。其六，计算机网络的教学管理平台，具有自动管理和远程互动功能，在网络管理中对学生进行更加科学有效的管理，让更多忙碌的人享受到了知识的力量和快捷的服务。

二、线上教学的不足：科技"双刃剑"

事物的发展存在着两面性，线上课程的优势显而易见，但同时我们也应该看到线上教学的不足，正视这些不足存在的客观性。其一，人机存在隔阂。由于网络授课是人机的交互，学生面对的是机器，并非活生生的有意识、有情感、有经验的教师，不是传统意义上的面对面的授课，这就直接导致了教师与学生存在无法弭除的隔阂，无法第一时间产生交流，很多线上教学的教师教育学生犹如隔靴搔痒，不具备线下教育具有的仪式感和场景感。比如，在教学《小英雄雨来》这一节课时，线上教学时只让学生听录音、观看文字解读，学生在学习中不能明确感受到雨来这个人物的优秀品质。如果线上线下融合式教学，学生在听完录音之后，教师引领学生再次朗读，以读促悟，学生能从朗读中感悟到人物的英雄形象，进一步加深对课文内容的理解。其二，监督存在疏漏。在线教育当然是在学生有足够的自制力的前提下方可进行，对于自我管理能力差的学生，监督性差的网络授课可能形同虚设，收不到预期效果，无疑给课堂上"开小差"提供了得天独厚的机会。另外，网络课程也不会像线下课堂教学那样能够对学生不认真听课的行为给予及时矫正。在线学习本身是一个自觉的过程，这需要课程足够有趣或学习者有足够的自制力，现代线上教育的视频监控功能只能证明和防止学生不缺位，却很难杜绝"身在电脑旁而心不在焉"的现象。其三，归属感空虚。在线教育中，教师往往要面对更大群体的学生，学生也往往可以登录某网络平台以付费的形式去学习，但教育是一门艺术，是一门心灵与心灵交流的艺术，并非交易那么简单。而有的教育机构冲着盈利这个目的，服务不是特别到位，从而使学生无法得到有效管理，这样的线上教育很难想象能够持续发展。所以，互联网教育要增强服务意识，想学生所想、急学生所急，从小处着手做大、做强教育，增强线上教学的归属感。

三、当今教育方式发展的最高境界：线上线下融合式教学

线下教育属于传统的教育模式，而线上教育则是近些年才兴起的，是互联网大潮中的产物。我们现在谈线上教育，最主要的原因是线上教育作为教育方式深刻变革的后起之秀，无论如何是不可回避的，线上教育产生发展非常迅速，其伴随着网络技术的发展而产生，并随着网络技术的不断发展

而加以完善。有人曾预言，随着信息技术的发展，线上教学将完全取代线下教学。经过这么多年的竞争与磨合，线上教育与线下教育各有优势并在各自的领域发展壮大。然而，线上教育与线下教育的融合发展的混合教育模式成了未来教育的新模式。如前所述，线上教育有利有弊。线上教育成本较低，不受课堂场地的限制，能让优质教育资源扩大化，然而其用户黏性较低，极易流失。于是不少教育机构开启了线上线下相结合的教育模式，改善经营策略，实现高效运营。这是因为线上线下融合式教学的发展能汲取线上线下的优势，线上教育可以弥补线下教育的一些不足，线上优势的发挥又需要线下教育的配合和支持，二者融合，取长补短才能相得益彰。正因为如此，目前有些以线下教育为主的教育也开展了线上辅导。

四、线上线下融合式教学发展途径

（一）不同类型学校发展线上线下融合式教学模式会有所不同

当前教育处在"互联网+"的大背景下，互联网对于教育的发展起到了很大的促进作用，我国中小学和大学都在普遍探索线上线下融合教学模式。然而，由于中小学生与大学生心理特点、自律能力不同，线上线下融合发展的程度、领域不尽相同。现在中小学与大学在没有特殊情况的影响下，教学主阵地一般会采取线下教学为主、线上教育为辅的教学方式。有不少学校致力于线上教学与线下教学相融合，学校的家庭教育、心理辅导、安全教育实现了线上线下融合式教学。尤其是疫情期间，不少学校创新了"云班会""云考试""云升旗"等形式，线上教育得到拓宽。与此同时，在应对职业教育和成人教育方面，线上线下融合发展中线上教育得到了充分发展，比例会适度有所增加。

（二）培训领域中线上线下融合教学模式的途径会有所不同

现代社会中的人们要应对各类考试，各种教育培训机构也应运而生。各级各类的教育培训机构也在探寻线上线下融合式教学，进行混合教育模式的改革。改革的方式无外乎两种。其一，线下教育推出线上教育平台。比如，新东方是传统的线下教育，为了适应社会信息化的大势，该公司推出了线上学习平台，很明显，这是一种从线下过渡到线上的融合发展模式。其二，线上教育的平台推出线下教育。通过对学生进行线下体验，然后再逐步争取到线上。两者虽存在着一定的差异，但是，其探索的方向都是线上线下融合发展，其效果需要时间去检验。

（三）不同教育群体对线上线下融合式教学认识不相同

有人认为，未来教育可以去名师化，甚至去教师化，这类观点的持有者走向了一个极端，往往从事教学工作的人不会秉持该观点。教育越向前发展，也就越呼唤优秀教师脱颖而出，不论是线上教育还是线下教育，最吸引学生的是优质的教育资源，而谁掌握了优质的教育资源，谁就能吸引更多的学生。另外，教育在传道、授业与解惑中，不仅仅有教育者的授业与解惑，教师在传道中如果人格、人文、人性层面缺失，我们认为不能算是成功的教育。

总之，线上线下融合式教学就目前发展趋势而言，两者相辅相成，才更加符合教育现状，更加有利于学生接受广泛的教学内容，更加趋近教育数字化信息化发展的目标。

参考文献

［1］汤洪.基于慕课背景的高校教学改革的挑战与应对［J］.文化创新比较研究，2020，4（30）：76-78.

［2］刘佳.浅谈新课标教育背景下高中python入门教学［J］.中学课程辅导（教师教育），2021（1）：104.

［3］顾波.线上教育与线下教育的高效多元化融合在中学化学教学中的应用研究［J］.新课程，2021（29）：28-29.

［4］施利军.信息化背景下小学体育教学方式的转变［J］.天津教育（中、下旬刊），2020（4）：18-19.

［5］刘伟.教育信息化背景下小学语文教学方式的转变实践［J］.中小

学电教（教学），2019（10）：60.

［6］李小霞.信息化背景下口风琴在小学音乐教学方式转变中的实践探索［J］.教育信息化论坛，2019，3（9）：165.

［7］周娟.信息化背景下小学数学教学方式转变探究［J］.新智慧，2019（14）：22.

［8］田冰竹.我国高校在线教育发展中的政府责任研究［D］.长春：长春工业大学，2017.

［9］谢达文，黄杨坚.新课标教育背景下高中python入门教学［C］.《教师教学能力发展研究》科研成果（第十七卷）：《教师教学能力发展研究》总课题组，2018.

小学语文高年级整本书阅读导读课
设计与实施

——以《汤姆·索亚历险记》为例

　　《义务教育语文课程标准（2022年版）》的课程理念中指出：增强课程
实施的情境性和实践性，促进学习方式变革。义务教育语文课程实施倡导少
做题、多读书、好读书、读好书、读整本书，注重阅读引导，培养读书兴
趣，提高读书品位；充分发挥现代信息技术的支持作用，拓展语文学习空
间，提高语文学习能力。课程内容拓展性学习任务群中的整本书阅读指明本
学习任务群旨在引导学生在语文实践活动中，根据阅读目的和兴趣，选择合
适的图书，制订阅读计划，综合运用多种方法阅读整本书。基于新课标整本
书阅读的要求，如何设计与实施整本书阅读导读课，更好地引领学生进行
整本书阅读？结合教学实践可以从以下三个方面进行设计实施整本书阅读
教学。

一、明确整本书的阅读任务

　　阅读整本书，关注人物、情节，体会人物的优秀品质；将整本书的阅读
内容和生活实践联系起来，能够解决生活当中遇到的难题，树立正确的世界
观、人生观、价值观。

通过明确整本书的阅读任务，让学生带着任务去阅读，引起学生的注意，在阅读中不只是关注自己感兴趣的内容，更重要的是关注人物的言行及处事方法，将生活和文本联系起来。引导学生阅读《汤姆·索亚历险记》整本书，让学生掌握并运用一定的阅读方法，为阅读整本书做准备。明确了整本书阅读任务，有利于激发学生阅读的兴趣。

二、整本书阅读导读课设计与实施

根据阅读任务设计并实施整本书阅读导读课，以统编版教材小学语文六年级下册第二单元"快乐读书吧"中《汤姆·索亚历险记》为例，进行以下教学设计。

《汤姆·索亚历险记》整本书阅读导读课教学设计

课标分析：《义务教育语文课程标准（2022年版）》课程实施之教材编写建议中指出：要把整本书阅读作为教材的重要有机组成部分，精选兼具思想性、艺术性和学段适应性的典范作品，以整本书阅读兴趣、阅读习惯的培养为基础，让学生逐渐建构不同类型整本书阅读经验，教材要组织和选取原著部分文本和辅助性阅读材料，创设综合型、阶梯式的学习问题和交流活动，提高学生理解和评价能力。整本书阅读导读课，以整本书阅读兴趣、阅读习惯的培养为基础，让学生逐渐建构不同类型整本书阅读经验，为以后的整本书阅读奠定基础。

教材分析：本次的"快乐读书吧"以"漫步世界名著花园"为主题，引导学生阅读有关历险、奇遇的外国文学名著。这是对统编版教材六年级下册"外国文学名著"单元的拓展和延伸。学生通过阅读，可以跟随主人公一起经历旅途中的种种困难和奇遇，一起成长，体验成长的欢乐和艰辛，收获智慧和勇气。《汤姆·索亚历险记》是"快乐读书吧"中的阅读书籍之一，作者是美国作家马克·吐温。该书主要讲了一个调皮捣蛋的男孩汤姆具有传奇色彩的成长历险记。

学情分析： 六年级的学生已经掌握了一定的阅读方法，基于他们的年龄特点，自制力不够强，从被动阅读到主动阅读仍需要教师和家长进行督促，以任务驱动的方式进行阅读，从而培养其良好的阅读习惯。

本课时的阅读目标：

（1）运用掌握的阅读方法，制订阅读计划单。

（2）能产生阅读名著的兴趣。

（3）根据故事梗概和生活经验，对汤姆做出简单评价。

重难点： 运用阅读方法，结合故事序言、目录和梗概产生阅读整本名著的兴趣。

课前准备： 书籍《汤姆·索亚历险记》。

教学过程：

（一）整本书阅读导入

教师可结合教学条件和学情，选择合适的导入方式。

（1）通过故事中的精彩片段导入；

（2）通过书中精美的插图导入；

（3）通过故事视频导入；

（4）通过对人物的评价导入：他是一个机智勇敢的孩子，他是一个调皮捣蛋的孩子，他也是一个富有正义感的孩子，他就是汤姆·索亚。让我们走进世界名著故事，跟着汤姆·索亚一起去探险。

设计意图： 好的导入是课堂成功的一半，能激发学生对整节课的学习兴趣。整本书阅读的导入方式多种多样，要根据学情和学生阅读整本书的内容来设计恰当的导入方式，吸引学生深入阅读，激发学生的阅读兴趣。

（二）引导学生关注整本书

活动1.课件出示整本书的封面及作者，说一说你的发现。学生观察，教师指名说发现的内容，教师适时引导和评价。

设计意图：阅读整本书，关注整本书的封面及作者，能让学生初步了解整本书的风格，了解作者。

活动2.打开这本书，看序言及目录，说一说你的阅读期待。

学生分享阅读期待，教师点评。

设计意图：认真阅读序言能帮助学生初步了解作者写这本书的意图，对整本书有初步了解，目录能够帮助学生初步厘清整本书的内容。通过阅读序言和目录，让学生对整本书形成阅读期待。

（三）了解故事梗概

出示故事梗概，指名学生读或者齐读故事梗概。说一说你读懂了什么？学生分享，教师点评，引导学生记忆故事梗概。

设计意图：齐读故事梗概，能让学生初步了解故事内容，在脑海中形成整本书的思维导图，言简意赅的故事梗概能激发学生阅读整本书的渴望。让学生说一说读懂了什么，其实是对故事梗概的进一步理解，加深学生对故事梗概的印象。

（四）分享阅读方法策略

关于阅读，说一说你掌握的阅读方法和策略有哪些？学生自由分享，教师归纳小结，引导学生选择适合自己的阅读方法。

小结阅读方法：抓住关键句，把握文章的主要观点；关注外貌、神态、言行等描写，体会人物的内心和品质；查找相关资料，加深对文章内容的理解；体会场景、细节描写中蕴含的感情。

设计意图：《义务教育语文课程标准（2022年版）》在整本书阅读教学提示中指出：整本书阅读应以学生自主阅读活动为主，引导学生了解阅读的多种策略，运用泛读、精读等不同阅读方法，通读整本书，了解主要内容，关注整体与局部、局部与局部之间的关系，重视序言、目录等在整本书阅读中的作用。整本书阅读也要讲究阅读方法，让学生根据已有的阅读经验结合高效的阅读方法进行有目的的阅读，能帮助学生建立高阶思维，从而快速阅读，并从中掌握阅读的重点，把握整本书的内涵。

（五）引导学生制订阅读计划单

活动1. 学生根据自己的兴趣爱好自行设计阅读计划单，要包括阅读时间、阅读内容、阅读签名、阅读评价等项目内容。

活动2. 出示表格型任务单供学生参考。

设计意图： 整本书因内容较长，可以根据学生的阅读速度和阅读质量按照章节或者页码进行计划，阅读完成之后自己签名。为确保能按照计划单进行阅读，可以由家长督促共同完成，当次的阅读计划完成之后家长要对学生的阅读态度、阅读方法、阅读习惯和读书笔记等阅读过程性表现进行阅读评价，这样双管齐下，以任务驱动的方式促使学生积极主动地完成阅读计划。

《汤姆·索亚历险记》整本书阅读计划单				
阅读时间	阅读章节（页码）安排	完成签名	家长签字	阅读评价

（六）阅读推进

活动1. 同桌交流，完善阅读计划单。教师巡回指导，学生分享自己的阅读计划单，并说一说自己准备用哪些阅读方法进行阅读。

活动2. 教师出示整本书阅读评量表，引导学生根据整本书阅读计划单和整本书阅读评量表进行阅读。

《汤姆·索亚历险记》整本书阅读评量表				
完成阅读计划单	阅读习惯	阅读方法	阅读速度	读书笔记
说明：一级三颗星；二级两颗星；三级一颗星				

设计意图：《义务教育语文课程标准（2022年版）》也提到注意考察阅读整本书的全过程，以学生的阅读态度、阅读方法和读书笔记等为依据进行评价，教师可以围绕读书的主要环节编制评价量表，制作阅读反思单，引导学生从阅读方法、阅读习惯等方面进行自我反思，自我改进。

通过以上《汤姆·索亚历险记》整本书阅读导读课的设计与实施，能极大调动学生阅读整本书的积极性，提高学生阅读整本书的兴趣。

三、小结

总之，整本书阅读导读课的设计与实施，结合新课标、学情和阅读目的，从实际出发，选择恰当的教学方法引导学生进行整本书阅读。整本书阅读教学导读课在阅读教学中占有重要的地位，学生进入初中后阅读教学则主要以长篇或者整本书阅读为主，小学整本书阅读教学，为学生的终身阅读奠定了良好的基础。

参考文献

［1］王崧舟，王春燕.腹有诗书气自华——《义务教育语文课程标准（2022年版）》"整本书阅读"解读［J］.语文教学通讯，2022（33）：7-13.

［2］杨纯彦.新课标下"整本书阅读"学习任务群初探［J］.语文教学通讯，2023（19）：29-32.

［3］邓彩红，陈少馨，徐婷，等.六年级下册第二单元整本书阅读单元作业设计——以《鲁滨逊漂流记》为例［J］.读写月报，2022（33）：9-13.

［4］易进，姚颖，黄国威，常毓涵，韦昕楠.《义务教育语文课程标准（2022年版）》解读（笔谈）［J］.湖南第一师范学院学报，2022，22（3）：44-56.

［5］阎晶晶."过程性评价"支持下的整本书阅读评价工具研制——

基于"教—学—评"一体化视角［J］.福建教育，2022（49）：31-33.

［6］张爱梅.名著分享式阅读在农村初中语文教学中的运用——以《西游记》阅读分享会为例［J］.甘肃教育，2022（15）：117-120.

［7］牛彦彦."双减"背景下"名著阅读课程化"教学探究［J］.新课程导学，2022（33）：56-59.

［8］刘婧.基于数据驱动的语文精准教学模式研究［J］.教育观察，2022，11（26）：84-87.

［9］陈贤彬.新课标"课程内容"的解读与建议［J］.小学教学（语文版），2022（6）：9-12.

［10］方林.以教材为媒，实现课内外阅读衔接［J］.教师，2022（32）：36-38.

［11］沈红霞.如何开展第二学段"整本书阅读"？［J］.七彩语文，2022（48）：5-6.

［12］杨再隋.以语育人　以文化人——《义务教育语文课程标准》（2022年版）学习心得［J］.小学语文教学，2022（16）：7-9.

小学语文教学中应充分运用情境式教法

作为一名教育者，特别是小学语文教师，所担负的重任是不言而喻的。那么，怎样教书育人，怎样更好地完成教育教学工作呢？我谈一下自己运用的切实、有效的情境式教法。

学期初，我让学生想象：如果你是老师，你会怎样说、怎样做，会制订什么样的教育教学计划。先在班内说说，再写一份书面材料上交，我会按学生们的意思择优采纳。角色定位了，同学们纷纷畅所欲言，各抒己见：有的说应先抓纪律，"无规矩不成方圆"；有的说应先抓学习，"学生应以学为本"，还有的说应先抓卫生……一时间众说纷纭，个个都像小老师那样义正词严地提出了自己的观点，课堂气氛很活跃。

我简单总结之后，让学生以作业的形式上交自己的计划书，然后我选择合理的意见择优粘贴在班级园地上，作为本学期的班级计划。自己的计划被采纳，同学们很高兴，之后的学习劲头甭提有多高了。

第六天，是三八妇女节。这一天，我很平静，同学们也很平静地学习，似乎谁也没有刻意地记起这个节日。我们老师也只是在办公室偶尔谈起。谁知下午第一节课，我刚走到班门口，就看到桌上堆满了礼物：苹果、梨、贺卡、鲜花等，摆成一个"心"形放在讲台上，班长一声令下，全班齐喊："老师，祝你节日快乐！"原来学生们都记得今天是个节日。看着讲桌上的礼物，收是不收？倒真叫我为难，忽然，我想起惯用的情境式教法，虽很老套，但很有用。

我高兴地走上讲台说："谢谢你们给我的礼物和祝福，祝福我收下了，但礼物，你们知道更应该给谁吗？那就是你们的妈妈，好！现在请闭上眼，静思三分钟，想想妈妈，她是怎样关心、养育你们的……"

班内一片静寂，不一会儿，竟听到低低的抽泣声，学生们不约而同地睁开眼，目光汇集在声音的来源——王会娴身上。我让王会娴说说为什么会哭，她努力忍住眼泪，说："我想起了今天早上，妈妈生病了，还起来给我做饭，我心里一难受，就哭了……"原来如此，我趁机让学生们说说刚才自己都想到了什么？王帅站起来说："我眼前浮现出妈妈常常在灯下给我缝补衣服的情景，我真是太调皮了，贪玩常把衣服弄破，我应该改掉这个坏毛病，让妈妈放心……"许阳说："我想起了妈妈满是老茧的手，那双手今天早上还摸过我的脸，硌得我生疼，但我知道，那是妈妈为了我，为了我们家常年在地里干活的结果，我长大了，应该帮妈妈了……"魏曼说："我刚才仿佛看到了妈妈满是皱纹的脸，今天来上学时，妈妈还送我过马路，我竟然没有向她说节日快乐，我真是太不应该了……"

看着孩子们一张张纯真的脸，听着他们一句句发自内心的质朴的话，我深情地说："孩子们，这些小礼物你们知道最应该给谁了吧！今天，咱们就做一次特别的家庭作业，回家后，跟我们亲爱的妈妈说声'节日快乐'，并用行动来报答她们的爱吧！书面作业是把你的所思、所为记在日记本上，明天带给我看看！"

星期五，这天的作业交得特别齐，连最不爱写作业的刘松都写了一篇题为《妈妈的爱》的日记，读后让我很感动。

在后来的教学中，我又多次恰当地使用了情境式教法，都达到了预期的效果。今后，我会更加努力地探索，研究此教法，深入课堂，教育学生，使他们成为德、智、体、美、劳全面发展的学生，合格的新时代小主人翁。

小学语文中高年级大单元教学实践探究

——以统编教材小学中高年级语文教学为例

什么是大单元教学呢？大单元教学是单元整体教学的另一种说法，是适用现代语文教学课堂的一种有效的教学模式。大单元教学可帮助学生整体性、系统性、比较性地理解把握文章内容，具有灵活性与可操作性。大单元教学让学生在有限的课堂时间内学习到更多更丰富的内容。小学语文中高年级实施大单元教学，教师应根据学情和教学需要统整教学内容。结合统编版教材实施大单元教学策略主要有以下两个方面的内容。

一、借助单元导语进行大单元教学

义务教育教科书教师教学用书中指出：统编版教科书围绕"人文主题"和"语文要素"双线组织教学，从三年级教科书开始，每个单元设有"导语"，在单元导语中明确语文要素；单元中的某些课文落实语文要素，贯穿方法的学习与运用；各部分内容环环相扣，相互配合，使每个单元形成一个系统。单元导语概括了一个单元的主题内容。四年级语文教材每个单元都有单元导语，借助单元导语进行大单元教学能够帮助学生树立对单元学习内容的初步印象，引导学生在脑海中形成本单元整体建构模式的大语文观。例如，统编版小学语文四年级上册第二单元的单元导语是"为学患无疑，疑则有进。——宋陆九渊"。这一单元围绕"提问"编排了四篇课文，通过引导学生提问，培养学生的问题意识，提高学生的阅读能力。在设计本单元的教学时，运用大单元教学，设计学习任务单，可以将"精读"课文和"略读"课文分别整合。在精读课文和略读课文的基础上选择一个教学切入点，也就是课文内容的相似处，从多角度提出问题，运用先教后学的方法结合思维导图或课文内容框架图，让学生形成整体的学习思路。接着教学另外两篇文章，引导学生运用学到的方法根据教师精心设计的学习任务单自学，全体学生参与，分小组汇报学习成果，对学生的学习效果进行评价，落实本单元的语文要素。在整节课的大单元学习中，学生通过精读课文的学习，脑海中会形成如何提问、从哪些方面进行提问等整体的思路。精读课文学习方法、略读课文练习方法、习作教学运用方法。例如，对于略读课文《蝴蝶的家》，在精读课文学习方法的基础上，结合本课的教学内容，安排学生自学课文，从课外阅读中找出同类内容进行阅读，教师也可以给出推荐阅读书目，让学生课外阅读，增加阅读量，进一步运用提问的方法，培养问题意识。整个单元的教学，学生结合单元导语，在学习课文中渗透教学目标，有效地落实了单元语文要素。

借助单元导语进行大单元教学，可以让学生明确本单元的学习要求，了解本单元的主题思想。例如，统编版小学语文五年级下册第四单元，该单元以"责任"为主题，编排了《从军行》《秋夜将晓出篱门迎凉有感》《闻官军收河南河北》三首古诗和《青山处处埋忠骨》《军神》《清贫》三篇课文，这样编排课文的目的在于让学生感受先辈们的崇高精神。该单元的单元导语是"苟利国家生死以，岂因祸福避趋之。——林则徐"。这样的单元导语，对于五年级的学生来说需要老师的讲解或者查阅资料才能明白这两句话的意思是说责任感和使命感的重要性。该单元编排了多篇表现革命传统的课文，让学生在学习和理解课文内容中体会到先辈们的爱国情怀和赤子之心。大单元教学设计借助单元导语运用综合阅读，学生能从整体上了解文章的主要内容和中心思想，有效落实教学目标。

二、统整同类课文进行大单元教学

同类课文统整方法多种多样，可以从文章体裁、内容、表达的情感等几个方面进行分类。同类课文的大单元教学，教师要深入透彻地研究教材，寻找教材整合的连接点，让学生在整体把握文章的同时，深入分析、比较理解文章，提升学生对词句段、文章体裁、写作意图的把握，全面培养学生的语文核心素养。

（一）从文章的体裁划分着手进行大单元教学

小学语文教学中涉及的文学体裁主要包括散文、小说、说明文、诗歌等，要结合教材中现有的文学体裁进行单元整合教学。例如，统编版小学语文四年级上册第21课《古诗三首》，可从文章的体裁着手进行大单元组诗教学。先从《出塞》《凉州词》和《夏日绝句》这三首诗中选一首通过知作者、读古诗、解诗意、悟诗情四个环节教学古诗，让学生知道怎样学习古诗，接着用任务单的形式让学生自学另外两首古诗，最后交流，汇报学习成果。从文章体裁的划分整合进行大单元教学，目的在于让学生了解同一类体裁的文章的写作特点，学习运用一定的写作方法或者写作顺序进行训练，有效地落实单元语文要素。再如，统编版小学语文五年级下册第二单元以"走近中国古典名著"为主题，编排了四篇文章。该单元的语文要素是"初步学习阅读古典名著的方法"。这是小学阶段第一次集中安排古典名著的学习，学生理解内容有一定的难度。运用大单元教学，引导学生掌握一些阅读古典名著的方法，可以让学生的阅读变容易。在教学中，教师运用设计的学习任务单，让学生从四篇文章的作者以及文章的出处了解四大古典名著，接着引导学生初步学习阅读古典名著的方法。阅读名著的方法之一是联系上下文猜测语句的意思。如《猴王出世》中的"石猴喜不自胜，急抽身往外便走，复瞑目蹲身，跳出水外"。学生通过联系上下文可以猜测出石猴很高兴，急忙从水帘洞里面蹲下身子闭着眼睛跳出来。阅读名著的方法之二是当阅读名著遇到较难理解的语句时，不用反复琢磨，只要知道大概意思即可。如《红楼春趣》中的一些词语如"剪子股儿"等比较生涩难懂，学生只要知道是与风筝有关的物品就可以了。阅读名著的方法之三是可以借助资料以及结合自己的生活经验加深对课文的了解。如阅读《景阳冈》的时候，学生可以结合看过的电视剧《水浒传》进行，既加深了对人物的了解，也激发了学生阅读古典名著的兴趣。

如果现有的同类体裁的课文不足，可以以教材现有的课文为范本，从课外阅读的同类体裁中选取一到两篇进行组文教学。例如，在教学统编版小学语文五年级上册第五单元说明文时，该单元的人文主题是说明文以"说明白了"为成功。单元要求是阅读简单的说明性文章，了解基本的说明方法和搜集资料，用恰当的说明方法，把某一种事物介绍清楚。该单元安排了《太阳》和《松鼠》两篇说明文，运用大单元教学时，让学生通过教师引导学习《太阳》，了解基本的说明方法有列数字、举例子、作比较等，接着运用任务单的形式让学生自学《松鼠》，分别找出文中所运用的说明方法，汇报交流。为加强学生对说明性文章的了解，以及用恰当的说明方法把某一种事物介绍清楚，教材编者在本单元的习作例文《鲸》中，运用做批注的方法让学生进一步了解说明性文章的说明方法。通过大单元教学课堂学习，学生基本了解说明性文章以及基本的说明方法如何综合运用，在习作时就能得心应手。

（二）从文章的写作内容入手进行大单元教学

一个单元的教学内容本身就是一个有机整体，教师应该树立整体教学观，全面把握、综合设计、整体认识并运用同一主题内容下各文本之间的内在联系，让它们互相支持、互为补充。例如，统编版小学语文四年级下册第四单元围绕"我们的动物朋友"安排了《猫》《母鸡》等三篇文章。教师从写作内容入手恰当设计大单元教学，学生在学习怎样描写动物类习作的基础上，体会作家是如何表达对动物的感情的，结合思维导图让学生比一比，说一说《猫》和《母鸡》这两篇课文在表达上有哪些相同点和不同点。这一单元还安排了阅读链接，进一步提高了学生对动物类内容的文章写法的掌握。

该单元运用大单元教学，学生在整体感知的基础上，对文章内容和写作方法有所比较，思维能力和判断表达能力也得到了训练。

（三）结合文章的写作方法进行大单元教学

小学语文要学习运用的写作方法有很多种，在教材的编排时，编者也进行了一定的安排。教师在教学时要从文章的写作方法入手设计大单元教学，引导学生学习运用写作方法。例如，统编版小学语文五年级下册第五单元是习作单元，以培养学生习作能力为单元主要目标。该单元的语文要素是"学习描写人物的基本方法"，习作要求是"初步运用描写人物的基本方法，具体地表现一个人的特点"。运用大单元教学时整合文章中描写人物的写作方法引导学生进一步学习写人的方法，即选择典型事例，通过对人物语言、动作、外貌、神态、心理等的细致描写，具体表现人物的特点。围绕本单元的语文要素和习作要求，在大单元教学《人物描写一组》《刷子李》这两篇精读课文时，第一课时引导学生初读课文，解决生字和词及理解两篇课文的主要内容是什么；第二课时用任务单的形式整合两篇课文描写人物的方法，运用例句"要不——摔跤"（语言描写）、"头不很大，圆眼，肉鼻子，两条眉很短很粗，头上永远剃得发亮"（外貌描写）等引导学生从课文中找出其他描写人物的方法，分小组合作学习，在小组内仿造课文中的例句说一说相应的人物描写，进一步加深学生对人物描写方法的练习运用。在习作课上进行大单元教学，复习人物描写的方法运用，列出提纲，练习写作，评改习作，巩固学生对描写人物方法的理解和运用。从写作方法入手进行大单元教学，有利于学生深入理解掌握写作方法，为习作训练打基础，并运用所学的写作方法进行写作。

（四）以文章的主旨为切入点进行大单元教学

小学语文教材中的每个单元都有编者的主旨，每一篇文章都有作者的写作意图。深层次的教学，就在于教师如何引导学生通过学习文章的内容去领悟作者所表达的情感。从文章的主旨入手进行大单元教学，引领学生深层次地学习。例如，统编版小学语文四年级上册第三单元第9课《古诗三首》，其中《题西林壁》和《雪梅》是哲理诗，从古诗所表达的中心——哲理诗入手可以用如下方法设计大单元组诗教学。

环节一：导入朗读、精讲古诗《题西林壁》

（1）指名分别读四首古诗。

（2）借助注释指名说一说古诗《题西林壁》的意思。题：书写。缘：因为。

小结：出示注释让学生说一说诗句（借助注释）、根据课文插图让学生说诗句、联系上下文理解古诗，这三种是我们常用的理解古诗的方法，同学们要学以致用。

（3）完成任务单一（略），通过学习这首诗，我们在做人做事方面又获得了哪些启发呢？

（4）出示幻灯片，选你喜欢的方式汇报古诗：唱一唱、背一背、画一画、说一说、写一写。

（5）出示《题西林壁》视频，让学生一起唱舞。

环节二：学习《雪梅》《登飞来峰》《赋得古原草送别》

结合任务单二自主合作学习《雪梅》《登飞来峰》《赋得古原草送别》。

环节三：交流展示

三个小组主动展示，按照任务单读一读古诗、说一说诗意，以这个形式来交流，教师及时评价。

环节四：总结拓展

出示思维导图：这一组诗都能给我们启发或者告诉我们一定的道理，像这样的诗就是哲理诗。在生活中，我们要多观察、多思考，处处留心皆学问。同学们课余时间可以收集含有哲理的古诗，和同桌交流。

以上大单元组诗教学案例中的《登飞来峰》《赋得古原草送别》两首古诗属于从课外阅读中精选出的含有哲理意义的古诗。学生在学习《题西林壁》的基础上了解了作者的写作意图，通过比较学习、自主学习，进一步明白什么是哲理诗。以文章的主旨为切入点进行大单元教学，加深学生对同一思想内容的文章更深层次的理解，让学生"知其然知其所以然"。

在进行大单元教学时教师应根据学生的基础水平与实际教学情况，深入了解班级学情，设计合理的单元整体教学计划。如果班级学生语文知识水平一般，就结合基础性的知识进行统整内容，比如结合课文中的字词类和句子（关键句、中心句、过渡句）等进行大单元教学，以任务单的形式呈现学习效果，让学生"一课一得"学习、理解、练习、运用、掌握所学知识。对于语文程度较好的班级，可进行基础的文学常识等方面的大单元教学，也就是根据文学体裁进行大单元教学，这样学生可以有效掌握同类体裁文章的写作特点，并尝试进行练笔写作，学以致用。

大单元教学策略在阅读教学、口语交际、习作训练、综合性学习等方面的运用也大同小异。在教学中，教师要根据学情、结合教材、恰当灵活地进行大单元教学设计，注重引导，结合实际，精心设计学习任务单，有效整合教材内容进行大单元整体教学。大单元教学的实施，需要教师下足功夫，精心备教材、备学生；学生在课前充分预习，基础扎实才能在大单元教学课堂上学有所得。

在小学语文中高年级恰当设计、实施大单元教学，利于学生形成大语文观，训练学生的逻辑思维和发散思维能力，调动学习的积极性，真正让学生成为课堂的主体，培养学生的综合素养，落实学生的语文核心素养。

大单元教学也有一定的弊端，对于个别学习习惯差的学生，如果课前不能有效地预习，课堂上即使注意听讲，也是事倍功半。若课堂上不认真学习，那么学生的语文综合素质就会下降得很快。所以，教师在运用大单元教学时，一定要课前下足功夫，根据教材内容和学情有针对性地进行大单元教学设计，对于不同层次的学生进行分层任务单设计，让班级学生在课堂上都有学习任务做，都能有效完成学习任务单。这样进行大单元教学，才能达到事半功倍的效果。

参考文献

［1］李怀源.小学语文单元整体教学构建艺术［M］.重庆：西南师范大学出版社，2009.

［2］格兰特·维金斯，杰伊·麦克泰格.追求理解的教学设计［M］.上海：华东师范大学出版社，2017.

［3］温儒敏，陈先云.义务教育教科书教师教学用书（语文四年级上册）［M］.北京：人民教育出版社，2019.

［4］李怀源.立人为本的小学语文单元整体教学［J］.语文教学通讯，2016（3）：19–22.

［5］黄玉梅.浅谈小学语文单元整合教学［J］.文理导航（下旬），2019（7）：66.

［6］曾福建.单元整体教学在小学语文教学中的运用研究［J］.内蒙古教育，2016（23）：40.

［7］花淑萍.小学语文教学中的单元整体教学方法探究［J］.开心：素质教育，2015（6）：51.

［8］温儒敏，陈先云.义务教育教科书教师教学用书（语文五年级下册）［M］.北京：人民教育出版社，2021.

［9］刘红云.小学语文"单元整组教学"的几点感悟［J］.课外语文（教研版），2014（6）：67.

［10］李佩玲.小学语文单元整合教学策略［J］.师道·教研，2015（8）：49.

［11］江志勇.单元整体教学中的有效整合探微［J］.小学教学参考：语文版，2010（7）：17–18.

［12］王飞.单元整体教学法在小学语文教学中的应用［J］.西部素质教育，2016，2（10）：170.

新课标理念下小学阅读教学实施途径

阅读是小学生获得知识的主要途径，阅读对提高学生的素质，健全学生人格心灵有着十分重要的作用。而现实生活中小学生的阅读现状却不尽如人意，不少小学生即使阅读也仅仅热衷于那些猎奇的、情节曲折的卡通书，无论阅读的数量和质量都有待进一步提高。针对此现状，《义务教育语文课程标准（2022年版）》指出，义务教育阶段要激发学生读书兴趣，要求学生多读书、读好书、读整本书，养成良好的读书习惯，积累整本书阅读的经验。那么，新课标理念下怎样才能让学生喜欢上阅读、学会阅读，从而提高阅读教学质量呢？应从以下几方面入手。

一、创设读书环境，激发阅读兴趣

马克思和恩格斯曾说过，"人创造环境，同样，环境也创造人"。一所好的学校一定是书香四溢的校园，一个优秀的班级同样离不开书香的浸润。随着教育教学改革的不断深入，"教书育人、管理育人、服务育人、环境育人"逐步深化。所以，教师在课堂和课外要创设丰富的阅读环境，开展形式多样的读书分享实践活动，让学生体会读书的乐趣，培养学生读书的兴趣。

（一）创设良好的读书环境，激发学生的读书愿望

作为教师，要在班级里有意识地创设一种浓厚的读书氛围，让学生在潜移默化中受到感染。要充分利用教室的墙壁悬挂名人名言；利用班级的图

书角摆放各种书籍；在黑板上方粘贴"读万卷书，行万里路"的读书口号；利用阅读课开展学生自由读书、看报、积累成语、名人名言、古诗词等各种读书活动，让班级成为学生的读书乐园。这样我们的教室到处都浸润着文化气息，飘溢着浓浓书香。在学生所经过的走廊、楼梯、花间小径甚至一棵桂花树下都留下知识和疑问，他们就会去读去想甚至会查阅资料。那么阅读目的就达成了。学生在这样浓郁的读书氛围中，会亲身感受到书海的浩瀚和读书的乐趣，身临其境，更激发了他们的阅读兴趣，增强了与书交友的强烈愿望。

（二）激发学生的阅读兴趣，培养良好的阅读习惯

小学阶段是人生成长发展的重要的打基础阶段，这个阶段的孩子好奇心强、可塑性强，教师要根据学生身心发展的规律，向学生分阶段、分层次、多样性地推荐一些名著阅读，陶冶学生的情操，让小学生树立正确的标杆，激发正能量，培养自立、自信、自强的中国少年。兴趣是最好的老师，教师要找到激发学生阅读兴趣的钥匙，以这把钥匙去开启学生的心扉，引导学生走进知识宝库的大门，促进学生语文核心素养的形成与提高，使他们终身受益。为了让学生轻松愉快地进行阅读，教师可以鼓励学生订阅《小学生学习报》《少年智力开发报》等体现文化内涵、时代脉搏和责任担当的健康有益的报纸杂志，指导学生通过书籍进入一个五彩斑斓的世界，使他们的生活更加丰富多彩、其乐无穷，拓宽学生的视野，从而培养学生的阅读兴趣，提升学生的阅读能力，从而养成良好的阅读习惯。

（三）通过看电视、电脑、手机等多媒体的方式贴近阅读

《义务教育语文课程标准（2022年版）》指出，教师要关注互联网时代日常生活中语言文字运用的新现象和新特点，认识信息技术对语文阅读和表达交流等带来的深刻影响，把握信息技术与语文教学深度融合的趋势，充分发挥信息技术在语文教学变革中的价值和功能。例如，为了培养学生阅读四大名著的兴趣，教师可以先布置学生观看四大名著的动画片或者电视剧，在学生对作品有了大致了解的基础上，再去阅读书本，就可以做到书本和视频的互补，增强对书本的兴趣和理解，从而逐渐走进作品的深处。随着国学机的普及，教师可以先鼓励学生听书，可以听《百家姓》《笠翁对韵》等传统蒙学读物；可以听故事、童话和《十万个为什么》；可以听课文的阅读音频；等等，然后再让学生进行阅读，坚持晨读暮诵。通过大量的倾听输入，日复一日地坚持朗读，能有效激发学生对祖国语言文字的热爱，学生在倾听和朗读的过程中能积累下许多丰富的语言，增强阅读能力，为中高年级的整本书阅读奠定很好的基础。

二、树立读书榜样，提高阅读质量

据调查显示，小学生喜欢看的图书种类中，武侠科幻小说、笑话幽默和卡通故事位居前三位，而一些比较有名的文学类书籍却榜上无名。这类通俗读物内容大多是"哇、哈、呀、嘿"之类的语气词，这样看书的效果就会大打折扣，由于在看书的时候不动脑筋，所以从中没有什么好的语言值得学习，更谈不上语文素养的提高。我国人均阅读量不大，为了提高阅读质量和数量，需要树立阅读榜样。

（一）家长要做孩子的阅读榜样

家长是孩子的第一任老师，0至8岁是孩子养成阅读习惯、培养阅读能力的关键期，如果上学后再培养的话，已经稍微有些迟了。所以，想要培养孩子的阅读能力，家长应该给孩子树立一个阅读的榜样。因为孩子的行为就是家长行为的缩影，家长不要总沉迷于看手机、玩游戏甚至打麻将而忽略了孩子。首先，创建家庭图书角。家中尽可能地设置书架并且放置一定量的精选的适合孩子阅读的书，让孩子们能够耳濡目染。环境潜移默化的影响，比家长苦口婆心的唠叨更有效。家长对图书的重视很容易引起孩子的好奇，在好奇心的驱使下，孩子自然会忍不住去翻看，这是孩子迈向阅读的第一步。其次，多进行亲子共读。家长要有意识地在家里进行一些阅读活动，阅读活动的场所可以在客厅，也可以在卧室，或者是在书房。家长在孩子面前要经常看书，阅读的时间可以灵活选择，可以在零碎的合适的时候进行。当孩子自发地在家里看书时，家长们也可以挑一到两本自己喜欢的图书安静地陪在孩子旁边阅读，这种温馨的长情伴读不仅会让孩子感到生活的美好，也会加深孩子对于阅读的良好感受。最后，家长要多带领孩子到书店和图书馆。如果家长能够在孩子面前树立一个好的阅读榜样，孩子才可能会静下心来认真阅读。只有在小时候养成看书的习惯，以后才会主动找书、看书。

（二）教师要做学生的阅读榜样

《后汉书》云："以身教者从，以言教者讼。"光靠教师口头上让学生阅读书籍是很难收到成效的。教师要做学生的榜样，利用课余时间多读书、多讲有趣的典故、多谈读书的收获，让学生潜移默化地受到影响，使他们觉得读书有乐趣。例如，在每天的早读时间，教师可以带一本文学名著，非常投入地与学生一起进行阅读，当读到高兴处，会情不自禁地笑出声来；当读到伤心处，也会泪流满面。当读完一本名著后，教师及时与学生交流读书心得，与学生一起关心作品中人物的命运和喜怒哀乐，交流自己的阅读感受，与学生一起为精妙的语言文字喝彩、赞叹。爱上阅读的教师才能更好地激励学生爱上阅读。教师作为学生阅读的领路人，要爱上阅读，这样才能更好地感染和影响孩子，用优美的教学语言对学生进行教化；用自身的文学修养对学生进行熏陶，久而久之，学生也会爱上阅读。如果教师喜爱中国的古诗词，可以是无论上课时还是下课后经常说一些古诗词，也可以要求学生注意通过阅读收集和整理古诗词的名言警句。这样不仅激发了学生的阅读热情，同时也使教师真正成为学生的良师益友。有这样一位爱读书、读好书的老师，学生们一定会变得爱读书。

（三）通过阅读分享树立学生的阅读榜样

教师可以每周找个固定时间在班级开展"我阅读，我分享，我快乐"的读书活动，组织学生分享阅读的收获和体会，并评选出"阅读之星""最佳阅读分享人"等，在学生中树立阅读榜样，用"现身说法"激起学生情感上的共鸣，使之产生强烈的阅读愿望。另外，学校可以利用少先队的活动、升旗仪式和校广播站向学生宣传读书对少年儿童健康成长的重要性，激励学生为中华之崛起而努力读书。学校要举办丰富多彩的读书活动，比如朗诵比赛、"故事大王"比赛、阅读思维导图和绘画展等，通过表彰读书先进典型，点燃学生读书的热情，培养出一批又一批阳光、自信、文明、高雅、多才多艺的"最美读书人"。授人以鱼，不如授人以渔。学校评选出各班阅读先进典型后，为了最大限度地发挥他们的辐射带动作用，可以每学期开展读书方法分享会，不仅激励学生爱上阅读，而且还要学生善于阅读。榜样的力量是无穷的，尤其是同龄的小伙伴。对孩子来说，同龄伙伴与他的生活环境相似，小伙伴之间思维、言行、教育也都相似，所以他们之间更可能有交流的话题，当孩子看到小伙伴受到老师表扬时，他们也会暗下决心向伙伴学习。

三、激发学生想象，培养阅读能力

《义务教育语文课程标准（2022年版）》指出，阅读浅近的童话、寓言、故事，向往美好的情境，关心自然和生命，对感兴趣的人物和事件有自己的感受和想法，并乐于与他人交流。诵读儿歌、儿童诗和浅近的古诗，展开想象，获得初步的情感体验，感受语言的优美。教师在进行阅读教学时应该受阅读原型启发，教育学生要通过独特性的思维，联系生活实际，以情感为纽带，打开心灵的窗户，展开丰富的想象，体现阅读的乐趣，提高阅读的水平。

（一）阅读要成为联系生活的驿站，沟通心灵的桥梁

爱因斯坦说："想象力比知识更重要，因为知识是有限的，而想象力概括着世界的一切，推动着进步，并且是知识进化的源泉。"学生阅读的只是一个个抽象的文字符号，但阅读又绝不仅限于这些符号。学生的阅读应该是基于现实但又超越现实，有特定时空但又超越特定时空，因为人具有主观能动性，人的意识是地球上最美丽的花朵，学生在阅读一行行文字中展开丰富的想象，进入作者创设的情境中，把真实生活和作品情境结合起来，这样才能享受到阅读的乐趣，感受到作品的意蕴。只有调动学生积极地进行情感体

验，才能把书本由静变动，由无声变有声。因此，在阅读教学中应该注重学生的生活经历，让他们在与书本的对话中体会阅读的乐趣，提高对文本的整体感知能力。同时也应该看到，作者和小读者的生活阅历往往不在同一水平线上，要想逾越这个鸿沟，减少作品的陌生感就需要架设起心灵的桥梁——展开想象，只有参与了与书籍的共情，才能达到与作者心灵的沟通和对作品内涵的感悟。在小时候就要培养孩子的阅读习惯，让孩子爱上阅读，让阅读成为孩子一次次心灵的自由飞翔，让孩子遇见更好的世界，遇见更好的自己，让他们展开强健的美丽翅膀，感受大海的蔚蓝、星星的璀璨、天空的辽远，领略春风的温柔、夏日的炽烈……

（二）阅读要成为激发情感的火种，换位思考的活动

教师在指导学生阅读时，要创设情境激发学生的情感，感受作品的真善美，培养向上向善的情感体验，引起学生与作者的共鸣。学生每天在耳熟能详的故事的熏陶下，哪怕足不出户，因为想象的经历，心理也在潜意识里不断地经历虚构的奇幻旅程。这些想象中的旅程，大大地增加了儿童心理的丰富程度，提升了儿童的心理弹性，也让儿童在面对未来不确定的世界时，多了潜意识里的准备。阅读故事，是最好的人格教育，以独特的方式指引着儿童，让他们在潜意识里明白人应该如何生活。倘若没有故事，儿童的生活，一定是自我中心的、一定是鸡零狗碎的、一定充满了世俗的平庸与算计，最后成为一个无趣的人。同时，通过阅读我们还可以扮演角色，进行换位想象，把阅读堪称一次精神游历和精神洗礼，做到与书同欢、同喜；与书同悲、同愁，这样就增强了学生的美感体验。善于换位思考，是处理人际关系的一条重要法则，像打开一扇窗一样看到更多的机会，发现更大的世界。

（三）阅读要成为合作交流的平台，创新创造的乐园

阅读是学生主动地认识客观世界的实践活动，主动地接受教育。因而阅读活动要尽可能是学生的阅读，学生的实践。作为一种认知、一种技能，阅读教学应注重培养由学生独立完成的阅读。在教学中，要创设自主、和谐学习环境，尊重学生，让他们勇于发表见解，善于合作交流，老师要"蹲"下来与学生交流，鼓励他们说出与众不同、标新立异、富有个性的观点，在对话中充分发挥自己的探究性和独立性，从而提高自己发现问题、解决问题的能力。例如，在学习《穷人》一课后，教师让学生续编故事，很多孩子认为桑娜和渔夫又多了两个孩子会过得很艰难，可有一名学生却说桑娜和渔夫通过自己的辛勤劳动，会过得很幸福，大家的看法各异，重新续编故事，写出了不同版本的《穷人》后续。正因为学生间有了这种积极的对话，从而使课本资源、学习伙伴、现实生活和书籍等相关因素都实现了多元对话，也提高了学生想象力、表达力、创造力等一系列的语文基本素养，只要学生敢于大胆发现，勇于探索，就能激发他们的阅读兴趣，培养他们的阅读能力。

四、丰富阅读内涵，提高语文素养

语文是百科之母，人们常说：语文阅读得法于课内，延伸于课外。语文素养作为一种基础素养，要把语文学好、学精光靠教材的文章是不可能的。所以，教师不仅要引导学生学习教材、感悟教材，还要带着学生走出教材，走向更广阔的世界，坚持把课内阅读和课外阅读有机结合起来，提高学生的语文综合素养。只有课内外阅读双线并重，学生的语文素养才能更快地发展。

（一）做好阅读笔记，把读与写结合起来

古人有句话：不动笔墨不读书。这就说明了读书和写作有着密不可分的关系，由读到写、由写到读，两者相辅相成、相得益彰、如影随形。阅读绝不等于走马观花、泛泛而读，针对不同的材料要讲究不同的方法才能事半功倍。教师要纠正学生不良的阅读习惯，不仅要读好书、好读书，而且还要善读书。阅读方法是指理解读物内容，从中接收信息所采用的手段或途径。阅读的方法多种多样，有不同类别和层次。比如，针对文章的类型，有朗读法、默读法、精读法、略读法、速读法等；就阅读笔记方法而言，有画重点、写标题、编写读书提纲、写读后感及读书心得等方法。到了小学的中高年级，教师要试着让学生写阅读笔记。比如，为了提高阅读质量，教师可推

荐学生每天读几页精选的文章，然后把文章中的优美词语摘录下来；要求小学高年级学生把读后的感想和收获写下来；每天早起后，大声朗读课文和自己喜欢的经典篇目；等等。读写结合，以读促悟。

（二）精选阅读内容，把层级性、贴近性和经典性结合起来

人类迄今有几千年的文明史，产生的优秀的文学作品可以说是浩如烟海，穷其一生也难读完。所以读书要学会选择，要分阶段选择合适的书籍。选择合适的书籍要遵循以下三个原则：其一，层级性原则。不同年龄阶段的学生具有不同的身心发展特点和规律，其阅读兴趣也存在着较大差异，要循序渐进，不可拔苗助长。例如，低年级的学生喜欢读寓言和童话，而高年级的学生则喜欢读传记和小说。一、二年级以大量识字、大量朗读训练和大量背诵为主。三、四、五、六年级以背诵积累古诗文和整本书阅读为主。教师可以向小学阶段的孩子推荐阅读《安徒生童话》《格林童话》《故事大王》《郑渊洁童话》等。其二，贴近性原则。教师在向学生推荐读物时要与课堂教学紧密联系起来，让教材成为拓展学生阅读的纽带。比如，学习完《小英雄雨来》后，教师可以推荐学生阅读作者的其他相关书籍或者抗战类的书籍。其三，经典性原则。《义务教育语文课程标准（2022年版）》推荐了一些经典读物，包括童话、寓言、诗歌散文作品、长篇名著、科普科幻作品等。比如，叶圣陶的《稻草人》、方志敏的《可爱的中国》、奥斯特洛夫斯基的《钢铁是怎样炼成的》等。这些经典是不朽的名篇，是孩子们在小学阶段的必读书。

（三）课内阅读和课外阅读结合起来

德国诗人歌德说过："经验丰富的人读书用两只眼睛，一只眼睛看到纸面上的话，另一只眼睛看到纸的背面。"只有拓宽课外阅读面，才能化方法为能力，使学生阅读能力全面得到提升。为此，在学习每一篇课文时，只要有相关的资料，教师就有计划地向学生介绍一些书中的人物，既能激发他们的课外阅读兴趣，产生阅读欲望，使学生在阅读中有了情感的体验，有了丰富多彩的语言积累，形成了良好的语感，又能受到高尚情操与趣味的熏陶，发展了个性，丰富了精神世界，从而提高了语文素养。《义务教育语文课程标准（2022年版）》指出，"关注个体差异和不同的学习需求，鼓励自主阅读、自由表达；倡导少做题、多读书、好读书、读好书、读整本书，注重阅读引导，培养读书兴趣，提高读书品位"。教师可以课内教方法，课外用方法，积极引导学生进行课外阅读，将刚性与柔性、广博与精细、感性与理性结合起来，这样阅读的实效性就会大大增强。

总之，如果儿童缺乏足够的阅读，学习的过程中只有喋喋不休的说教、功利主义的诱导、做不完的试卷，那么，儿童何以幸福地长大，勇敢地度过此生？孩子们需要阅读，用书籍去充盈孩子们的精神世界，是赠予儿童最好的礼物。而这，正是老师和父母义不容辞的责任。新课标理念下，要重视阅读、重视阅读教学，用多种方法丰富阅读途径。提升阅读教学的质量，让阅读成为学生一生的兴趣和习惯。

参考文献

［1］马克思，恩格斯.德意志意识形态［M］//马克思，恩格斯.马克思恩格斯选集：第一卷.北京：人民出版社，1995.

［2］中华人民共和国教育部.义务教育语文课程标准［M］.北京：北京师范大学出版社，2022.

［3］爱因斯坦.论科学［M］//爱因斯坦.爱因斯坦文集：第一卷.许良英，范岱年，译.北京：商务印书馆，1979.

［4］王淑芬.抢救阅读50招［M］.福州：福建少年儿童出版社，2014.

［5］闫学.跟苏霍姆林斯基学当老师［M］.上海：华东师范大学出版社，2017.

［6］魏智渊.儿童读写三十讲［M］.武汉：长江文艺出版社，2022.

［7］孙米香.小学高年级阅读教学存在的问题及对策［J］.文学教育（下），2022（9）：87–89.

［8］狄琼.小学语文阅读教学中培养学生阅读能力策略探究［J］.国家

通用语言文字教学与研究，2022（9）：170–172.

［9］吴育莹.语用视角下小学语文群文阅读教学的改善策略［J］.西部素质教育，2022，8（15）：193–195.

［10］于新月.基于语文素养培养的语文阅读教学优化论［J］.文学教育（下），2022（7）：118–120.

［11］杜巩固.小学中高年级语文阅读教学的整合与拓展策略［J］.亚太教育，2022（21）：149–152.

［12］方娟，曹芳姣.基于统编版小学语文教材的阅读教学研究［J］.公关世界，2022（22）：79–81.

［13］董瑛.小学语文主题式阅读教学模式的实施［J］.西部素质教育，2022，8（20）：196–198.

［14］李倩云.提升小学语文阅读教学有效性策略研究［J］.国家通用语言文字教学与研究，2022（8）：194–196.

［15］钟小梅.核心素养引领下小学语文开放性阅读模式的构建［J］.启迪与智慧（上），2022（6）：112–113.

"以读为本，读中感悟"在小学语文
阅读教学中的应用

——以统编版教材六年级语文阅读教学为例

五、六年级的学生已经有了一定的知识积累和阅读经验，在统编版教材阅读教学中应侧重"以读为本，读中感悟"的教学理念。小学阅读课程的开设，主要是为了丰富学生的知识，提高学生的阅读水平和写作能力，培养学生的分析问题、解决问题的能力。

阅读教学，让学生读通、读好、读懂、读活文章，进而感知作者的写作意图，在教学中，注重让学生自读、自学、自悟。借助工具书等方式扫除字词障碍，结合时代背景感知文意。比如，我在教学统编版教材六年级上册的第七单元第22课《月光曲》的时候，要求学生读通课文。第一遍读，通读全文，扫清字词障碍，初步感知课文内容；第二遍读，分清文章结构，厘清文章的脉络；第三遍读，结合时代背景，抓住文章的重点词句，感知文章的中心所在，体会作者的写作意图；第四遍读，学习、运用文章的写作方法和布局谋篇的方法，迁移运用。

在教学中，侧重让学生多读、多思、多讨论。学生在第一遍读的时候，基本上能掌握文中的生字、词语，初步知道文章中贝多芬是怎样创作《月光曲》的。

理解了文章的内容，紧接着让学生再读课文，并要求学生按照一定的顺序厘清课文的脉络，学生在阅读的过程中，根据已有的理解能力，明白课文是按事情发展的顺序写的。本文可以分为两部分：第一部分（第1自然段）总起，介绍贝多芬，点明题意。第二部分（第2—11自然段）写贝多芬创作《月光曲》的传说，详细介绍贝多芬谱写《月光曲》的经过。

课文的段落层次清楚了，让学生再读。这次要边读边思考，读懂每段的意思，并且要用自己的语言结合课文内容来概括段意。读的任务提高了，学生的阅读态度也随之提高，边读边做笔记，写体会。第2自然段，讲述了故事的原因。200多年前的一个夜晚，贝多芬在散步时听到一所茅屋里传出钢琴声。曲子弹得"断断续续"，弹的正是他谱写的曲子。这使贝多芬产生了极大的好奇心，因而走近茅屋。第3—6自然段，讲述贝多芬为盲姑娘弹奏第一曲。先讲贝多芬听到一个姑娘和一个男子的对话，深深被感动。再讲贝多芬进屋后，看到的是一个十分贫困的家庭。他直率地对主人说："我是来弹一首曲子给这位姑娘听的。"盲姑娘听完曲子说："弹得多纯熟啊！感情多深啊！"并判断出弹曲的人正是贝多芬。贝多芬看到她这样懂音乐，从琴声就能分辨出弹奏的人是自己，心中十分激动，便要为盲姑娘再弹奏一曲。第8和第9自然段，讲述贝多芬弹奏第二曲，即兴创作《月光曲》。先写风吹灭了蜡烛，屋里洒满月光，茅屋里的一切好像披上了银纱。此情此景，使贝多芬想到美好的音乐应当给予穷苦的爱好音乐的人，他便按起琴键，用乐曲把这种同情表达出来了。课文的最后一个自然段，讲述贝多芬整理、记录《月光曲》。

读通了课文内容，了解了文章结构，还要再读，读懂文章的重点词句及作者的写作意图。第三遍读，让学生抓住重点词句深入体会。例如，在教学中，抓住盲姑娘的语言"弹得多纯熟啊！感情多深啊！您，您就是贝多芬先生吧？"引导学生感悟。"多纯熟"是说贝多芬弹奏的技能熟练；"多深"是讲贝多芬用心用情弹奏，把曲子里的感情充分地表现了出来。盲姑娘能听懂贝多芬弹奏的乐感，并猜出弹曲子的人正是贝多芬，这让贝多芬深深感动，盲姑娘是自己的知音，于是就产生了要为她再奏一曲的念头，此情此景，创作激情油然而生。当然，课文中的重点词句还有很多，学生在读课文的过程中，教师要给学生充分的时间让学生在读中思考、读中感悟，引导学生感悟重点句段的含义，加深对课文内容的理解。

读懂了课文，还要让学生再读，读活课文，将学到的写作方法运用到写作当中，也就是学以致用，迁移仿写，这里就不详细叙述了。学生在阅读的过程中，边读边思考，在读的过程中感知了贝多芬创作《月光曲》的心情变化，进而读通课文、读懂课文、读活课文。

俗话说的"书读百遍，其义自见""旧书不厌百回读，熟读深思子自知"，就是"以读为本，读中感悟"这个道理。在阅读教学中，只要掌握以学生为本、以读为本、读中深思、读中感悟，就能让学生在阅读中获得正确的分析和解决问题的能力。读的方式可以是多种多样的，比如个别读、小组读、分角色读、配乐读、赛读、齐读、开火车读等，要根据具体的阅读内容来选择合适的阅读方法。另外，还要深入借鉴和模仿，然后结合自己的实际教学经验，才能逐步形成自己独特的、行之有效的阅读教学方法。

以上是我结合自己的语文教学课堂实例，浅谈对高年级阅读教学的课堂实施方法的理解。

小学语文高年级整本书阅读推进课
设计与实践

——以《汤姆·索亚历险记》为例

　　《义务教育语文课程标准（2022年版）》课程理念中指出：义务教育语文课程实施倡导少做题、多读书、好读书、读好书、读整本书，注重阅读引导，培养读书兴趣，提高读书品位；充分发挥现代信息技术的支持作用，拓展语文学习空间，提高语文学习能力。

　　基于新课标的理念，整本书阅读在小学语文阅读中占有重要的地位。整本书阅读教学也应引起小学语文教师的关注，整本书阅读教学按照学生的阅读进度可分为整本书阅读导读课、推进课和交流课。导读课引导、激发学生阅读整本书的兴趣；推进课检查阅读进度，解决阅读难题，运用多种方法引导学生理解分析精彩段落，搭建阅读支架激励学生深入阅读，引导学生对整本书多维度理解，推进阅读整本书；交流课则是在学生阅读完整本书之后，检测学生整本书阅读效果以及良好阅读习惯的形成，从不同的角度引导学生分享交流整本书阅读的过程及感悟，进一步深化学生对整本书阅读内容的理解，拓宽学生阅读整本书的维度和视野。导读课是为阅读整本书打基础，推进课则是引导、激发学生深入阅读整本书。

　　本文以《汤姆·索亚历险记》为例，进行了整本书阅读推进课的设计与实践研究，建构了整本书阅读推进课的教学模式。

一、整本书阅读推进课课前准备

《义务教育语文课程标准（2022年版）》在课程理念中指出：增强课程实施的情境性和实践性，促进学习方式变革。充分发挥现代信息技术的支持作用，拓展语文学习空间，提高语文学习能力。在进行整本书阅读推进课之前，教师需要先了解学生的阅读情况及阅读难题，运用"问卷星"等问卷调查平台检查阅读计划单的执行及阅读进度，调查学生阅读《汤姆·索亚历险记》中遇到的阅读难题。课前调查阅读进度，清楚知道学生的阅读进度，根据学生的阅读进度设计推进课的教学内容；调查学生阅读中遇到的难题，了解学生的阅读水平，搭建阅读支架，为引导学生合作学习解决阅读难题做准备。

二、结合学情及阅读进度确定教学目标

整本书阅读推进课的教学目标的制定要结合学情，结合学生的年龄特点和已有的阅读经验，结合《义务教育语文课程标准（2022年版）》的要求制定。基于以上，制定本节阅读推进课的教学目标为：①分享阅读进度调查结果及阅读难题，引导学生合作探究解决难题，初步形成思辨性思维；②精彩段落阅读赏析，交流印象深刻的情节，根据课文内容和生活经验，对汤姆做出简单评价。

三、结合学情及整本书阅读教学目标确定重难点

明确了教学目标，结合学情及学生的阅读进度确定了重难点：①交流分享阅读难题，合作探究解决难题，初步形成思辨性思维；②交流印象深刻的情节，搭建阅读支架树立学生深入阅读的信心，根据课文内容和生活经验，对汤姆做出简单评价。

四、聚焦思维训练，巧设教学过程

（一）谈话导入，了解阅读进度

"同学们，《汤姆·索亚历险记》这本书你们都读到哪儿了？老师通过'问卷星'的调查，了解了同学们阅读的进度，你们想不想知道其他同学的阅读进度呀？"学生自由回答，教师紧接着课件出示学习提示，分享阅读进度表，了解阅读进度情况：①课件出示阅读进度调查结果。②指名学生说一说自己和其他同学的阅读进度有什么差别？自己的想法是什么？学生自由回答，教师及时评价、小结：了解了其他同学的阅读进度，可以帮助我们树立"比学赶帮"的信心，根据自制的阅读计划表进行阅读，如果课余时间充足也可以多读一些，总之，阅读进度慢的同学要挤出时间多阅读。

本环节的设计目的在于让全体学生知道大家的阅读进度，比较自己的阅读进度，按照阅读计划表跟上大家的阅读进度，做到阅读要有一定的速度。

（二）以任务驱动为主线，以活动为载体落实整本书推进课

任务一：多种方式检查学生阅读效果及阅读笔记

课件出示活动1。

人物身份我来说：汤姆·索亚——主人公；乔埃——强盗、杀人凶手；彼得——酒鬼、被冤枉为杀人凶手；撒切尔夫妇——贝琪的父母；哈克的父亲——酒鬼；乔奇、班恩、吉姆、哈克——汤姆的朋友；波莉——汤姆的姨妈。

让学生补白整本书中的主要人物身份，教师及时引导、评价。摘录整本书中的主要人物，让学生清楚人物的身份，帮助学生厘清人物之间的关系，根据清晰的人物线索阅读全文，减轻阅读难度。

课件出示活动2。

故事细节我知道：其实汤姆心里已经迫不及待了，他接过苹果大啃起来。当前"大密苏里号"轮船在太阳下挥汗干活儿的时候，那位退休的"艺术家"正坐在附近树荫底下的一个圆桶上，悬着两条腿，津津有味地啃着苹

果，盘算着用这个花招儿来骗更多的傻孩子。他们来得还真不少，每隔一会儿，就有一个男孩子从这里经过。他们来的时候都嘲笑汤姆，结果都留下来刷墙了。

"大密苏里号"和"艺术家"分别指谁？（要求：说话完整，有理有据）学生根据阅读内容自由回答，教师及时评价。

摘录故事中的细节描写检查学生对故事情节的掌握，让学生知道在阅读整本书时要关注细节描写，能更好地帮助我们了解人物品质。

课件出示活动3。

故事内容我知晓：汤姆·索亚住在（波莉姨妈）的家里，家里还有（希德、玛丽）；汤姆想当海盗，他和（哈利贝克·费恩及乔·哈帕）一起乘木筏来到密西西比河上的（杰克逊）岛，玩了一个星期后，他们又在（镇上的人为他们举行葬礼）的时候出现在全镇人的面前。

学生回答教师及时评价。

根据学生的阅读进度设计本环节检查学生对阅读内容的掌握，填空内容难易适度，教师及时评价鼓励进一步树立学生继续阅读的信心。

课件出示活动4。

火眼金睛辨真伪（正确的打√，错误的打×）：（1）故事发生在密西西比河畔的一个普通小镇上。（√）（2）小说塑造的汤姆·索亚是个有血有肉、栩栩如生的人物形象。在姨妈眼里，他是个有理想有抱负的孩子。（×）

学生回答，教师及时评价并小结：通过以上几个环节的检查，同学们的阅读态度很认真端正，对阅读内容的掌握很全面，可见大家都是爱阅读的优秀学生。

任务二：出示阅读难题，合作解决

课件出示活动1。

出示阅读难题调查结果：生字不认识；关键词句难以理解；有些情节读不懂；不知道哪些词句要摘录；等等。以4人为小组合作讨论交流各自的阅读难题以及有什么好的办法解决难题？学生合作探究，教师巡视学情及时引导。

课件出示活动2。

汇报交流：分享各自解决阅读难题的方法和思路。（查字典、看插图、看注释、联系生活、问大人、查百度看别人的分析等）学生自由汇报交流，教师及时点评。

任务二的设计是本节课的重点，同学们受年龄和阅历的限制，在阅读整本书时或多或少都会遇到难题，如果不解决，会造成囫囵吞枣地阅读或者读不懂失去阅读的信心。通过"问卷星"等问卷调查平台调查学生阅读难题，难题即是问题，让学生合作交流讨论探究解决问题的方法，培养学生的思辨性思维及分析问题、探究问题、解决问题的能力。

任务三：阅读与鉴赏——精彩情节赏析

课件出示活动1。

围绕"哪些情节特别吸引你"这个问题，分小组展开讨论。学生讨论，教师巡视。

通过"哪些情节特别吸引你"这个问题让学生展开讨论，激励学生回忆阅读内容，在脑海中重建，和同伴讨论交流，激发学生的语言表达欲望和阅读感悟交流的兴趣，进一步加深对阅读内容的理解。

课件出示活动2。

精彩段落赏析：

*汤姆越想安心学习，心思就越乱。他脑子里有许多稀奇古怪的念头在翻腾着，使他怎么也静不下心来。*汤姆叹了一口气，打了个呵欠，干脆打消了读书的念头。空气很沉闷，时间太难熬了，好像中午放学的时间永远也不会到来。但毕竟快临近中午了，这是夏天最令人困倦的时候。加上几十个同学低声地读书，像一群蜜蜂嗡嗡地叫，更让人头脑晕乎乎的，眼皮也直打架。汤姆伸直手脚，美美地伸了一个懒腰，扭过头去看着窗外。

（1）师生配乐朗读。

（2）画线的句子属于（心理）描写，写出了汤姆想安心学习，但是控制不了自己的胡思乱想。

（3）用波浪线画出描写环境的句子，和同桌交流，说一说你读懂了什么？（读懂了环境描写衬托出人物的心情）学生根据阅读经验和分析回答以上问题，教师及时进行评价、小结：抓住阅读整本书的精彩段落进行细读分析理解，体会环境描写衬托人物心情的好处，关注人物心理，探究人物思维，能帮助我们加深对整本书内容的理解。

课件出示活动3。进行中期阅读评估量表。

《汤姆·索亚历险记》整本书阅读评估量表				
完成阅读计划单	阅读习惯	阅读方法	阅读速度	读书笔记
说明：一级三颗星；二级两颗星；三级一颗星				

（4）和同学讨论分享阅读的方法与阅读感悟。

（5）出示阅读评估量表，小组内多元化评估。

任务三是本节推进课的难点，出示阅读经典或者重要段落的人物情节，让学生进行阅读分析理解，合作探究，体会描写的好处，搭建阅读支架，关注人物心理，探究人物思维，加深对文字的理解和感悟。其中阅读评估量表的设计给学生明确的整本书阅读指令，通过评估量表的多元化评估，小组内分享交流阅读评估量表，激励学生继续阅读的兴趣。

任务四：表达与交流

课件出示活动。

要求：预测人物或者情节的发展趋势及结果。根据已读过的内容有理有据地预测，写在任务单上。5分钟后汇报交流预测内容。学生书写，教师巡视学情，并指名学生汇报，教师及时进行点评和小结：同学们的预测有理有据，能联系上下文结合读过的内容进行预测，人物或情节的发展趋势在书中是怎样描述的呢？请大家接着阅读《汤姆·索亚历险记》整本书。本节课的拓展作业是继续阅读《汤姆·索亚历险记》。

任务四表达与交流的设计是对整本书推进课的拓展延伸，为学生进行深入阅读整本书做铺垫。

五、建构整本书阅读推进课教学模式

以上以《汤姆·索亚历险记》教学设计为例，通过课堂实践，检测了学生的阅读内容及整本书阅读的效果，达成了教学目标，学生在阅读中养成了良好的阅读习惯，培养了深入阅读整本书的兴趣。整本书阅读推进课的教学模式建构为：课前准备，了解学情，明确目标及重难点—多种方式检查阅读效果—合作解决阅读难题—精彩片段赏析及中期阅读评估—预测结局，激发继续阅读兴趣。整本书阅读推进课用四项任务循序渐进，既有对整本书阅读的中期检查评估，又有对阅读过程中遇到的难题探究，让学生联系生活经验和已有的阅读经验，解决阅读难题。还有对已阅读内容的交流分享，加深学生对阅读内容的理解，更有对未读内容的预测，提高学生进一步深入阅读整本书的兴趣。

学校教育的核心不只是传授知识，更重要的是在于培养学生健全的人格，让学生将文本知识联结到社会，联结到自然和世界。通过阅读整本书探究书中人物的思维，感悟人物的品格，学会认知、学会学习、学会做事、学会生活、学会生存，这就是整本书阅读最终要达到的效果。

参考文献

[1] 杨雪冬.信息技术支持下的名著阅读教学实践研究——以《契诃夫短篇小说选》整本书阅读教学为例 [J].语文教学通讯，2023（5）：33-36.

［2］王静.以减促升,小学语文有效课堂教学路径初探［J］.教学管理
与教育研究,2023(9):35-37.

［3］易进,姚颖,黄国威,等.《义务教育语文课程标准(2022年
版)》解读(笔谈)［J］.湖南第一师范学院学报,2022,22
(3):44-56.

［4］杨再隋.以语育人　以文化人——《义务教育语文课程标准》
(2022年版)学习心得［J］.小学语文教学,2022(16):7-9.

［5］王颖卿.小学高年级多文本阅读教学实践策略探究［J］.教师,
2023(2):27-29.

［6］姚娴静.基于新课标三项修订原则的初中语文情境化教学模式探究
［J］.文科爱好者(教育教学),2022(6):62-64.

［7］张爱梅.名著分享式阅读在农村初中语文教学中的运用——以《西
游记》阅读分享会为例［J］.甘肃教育,2022(15):117-120.

［8］董征宇.新课标视域下课内外阅读有效衔接的研究［J］.教师博
览,2023(9):42-43.

［9］路潇.《大自然的语言》教学反思［J］.中学语文,2022(35):
107-108.

［10］曹栋梁.“城南”不止“旧事”,“西游”没有尽头——观王崧舟
老师《城南旧事》《西游记》阅读整理课有感［J］.小学语文教
学,2023(6):35-37.

［11］姬文伟.线上线下小学语文阅读课教学互动行为研究［J］.新课程
导学,2022(34):17-21.

［12］《义务教育语文课程标准(2022年版)》［M］.北京:北京师范
大学出版社,2022.

［13］丁家怡.小学语文整本书阅读有效运行的具体策略［J］.知识文
库,2021(16):55-57.

智慧班主任教学主张

一、方圆有度堪称智慧

方，是做人之本，要以身作则，教育、引导学生堂堂正正做人。圆，是处世之道，也是做事之道。圆融通达，有回旋的余地。在班主任工作中能做到方圆有度，启迪智慧、萌生智慧；塑造心灵、修心养德，便可称为智慧班主任。做一名智慧班主任有哪些要求呢？

智慧班主任要拥有一颗感恩之心、聪慧之心、追梦之心和觉悟之心，教育引导孩子做一个会（慧）做人、会（慧）学习、会（慧）做事、会（慧）生活、会（慧）生存的对社会有用的人才。

（一）珍惜拥有，修炼感恩之心

每个人生活在世界上，都离不开社会提供的条件。我们要感恩的有很多很多，感恩父母的生养、感恩师长的教诲、感恩他人的帮助，甚至还要感恩自然的馈赠。人生不是一帆风顺的，往往要历尽百折千回、千辛万苦，智慧班主任的内涵之一就是要修炼一颗感恩的心，在"看遍人间坎坷辛苦"之后的珍惜、珍重与珍爱。

（二）拼搏担当，修炼追梦之心

我们生活在一个开拓深耕、成长创新、蝶变崛起的时代。追逐梦想、放飞希望、青春无悔，我们要把成功成才的个人梦想与中华民族伟大复兴的中国梦相结合；把实现个人价值与实现社会价值相统一。智慧班主任的内涵之二就是要修炼一颗追梦的心，顽强拼搏、担当作为、永不言弃，要相信功到自然成。

（三）崇德尚和，修炼聪慧之心

学校教育要坚持立德树人、德育为先，以培养学生的健全人格为重点，促进学生的身心和谐、家庭和谐、人际关系和谐，全面提高自身素质。智慧班主任的内涵之三就是要修炼一颗聪慧的心，博览群书、博采众长，善于吸收借鉴为我所用，在教育教学中遵守师德，建立和谐的师生关系，用爱心去温暖、用耐心去等待、用恒心去坚持、用匠心去施教。

（四）提升境界，修炼觉悟之心

人生活在物质世界中，衣食住行都离不开物质基础，但是作为幸福生活的追求者，人还要有自己的精神家园和心灵归宿。人活着，物质是根基、精神是港湾，而文化才是恒久的。智慧班主任的内涵之四就是要修炼一颗觉悟的心，开阔胸怀、兼收并蓄、向上向善、拿得起、放得下、想得开，不断提升自己的人生境界。做智慧班主任，润育幸福人生。

二、做一名智慧班主任应当怎样做

（一）打造智慧课堂

班主任要充分利用各种平台，不断更新育人观念，为孩子的健康成长搭建一座桥梁，将毕生所学运用于教学实践，让班级管理工作更灵动、更简洁、更有效。课内，要着力落实应用，滋养儿童的心灵，做到润物细无声。还要会表扬学生，表扬要及时、有针对性，要说到点子上，不能笼统地以"太好了！""你真棒！"盖过，要具体到表扬的内容，如"你今天帮助班级打扫卫生，真是一个乐于助人的好孩子，老师为你点赞"，等等，这样具体言之有物地表扬学生，他才能根据你的表扬更进一步地提升自己。

（二）进行智慧阅读

班主任要引领学生爱上阅读，做学生阅读的"点灯人"。阅读是建立优秀班集体的根基，是班主任工作实践的先导，通过阅读，老师和孩子们可以洞察世界，明心见性。智慧阅读，就是通过品读经典文章，练就一双慧眼，用慧眼观世界；修炼智慧，用智慧去体验和思考。培养孩子们的阅读能力和阅读习惯，可以在班级内开展"同读一本书""阅读分享"等活动，让孩子们在读书中滋养心灵、在分享中生长智慧。

（三）践行智慧理念

智慧班主任要不断汲取专家的研究成果，集腋成裘、丰富发展，用智慧理念引领明确方向。除了专业阅读之外，还要深入教学实践，将智慧班主任的经验进行总结延伸推广，整合资源，凝聚家庭、学校和社会三方的力量，充分发挥智慧班主任团队的力量，切实起到辐射带动作用，不断探索小学班主任科学发展的教育之路。

在处理班级中的大大小小的事情时，班主任要善于发现并组建有管理能力的班干部组织，让在班级有威望、有魄力、同学们都信服的学生来管理班级，也就是"兵教兵"，有时候学生的管理甚至比班主任更有权威。著名的教育家魏书生先生在一次讲座中说过他的班级管理经验，让班级人人有事做，事事有人管。他出差一个月回来，班级依然是班风正学风浓，成绩稳步前进，班级各项事务井然有序。可以说，这是智慧班主任的最高境界。

智慧班主任，用心用情用爱滋养孩子们的心灵、生成智慧。我们相信，智慧班主任团队在省教培院的大力支持下；在主持人和各位专家、导师的带领下；在全体成员的共同努力下；在小学班主任这条路上充分发挥示范辐射带动作用，让智慧班主任的理念和实施方法推动更多的小学班主任得到专业提升。教育之路是漫长的，既然选择了当班主任就要一路前行、迎难而上，无限风光在险峰。只有班主任在工作中多一分智慧，学生就多一分机会散发光芒。做智慧班主任、教智慧学生、育智慧人才。

让期末评语发挥更大的德育功能

当过班主任的老师都知道，期末评语关系到学生这一学期的综合表现，班主任在进行学生的期末评语时要全面、科学、系统地评价。根据不同程度的学生撰写恰当的评语，注重评价的整体性和综合性，注重评价主体的多元与互动。通过评语让家长看出孩子在这一学期的综合表现和成长情况；学生能够在评语中知道自己在这一学期当中的优点、进步和不足之处。基于此，班主任撰写评语一般分为三段式：总评—激励—期望。简单总结有以下几个方面。

首先，评语要人性化，注重以评价激励为主。例如，针对班级学困生的评语可这样写："你是一位勤奋、努力、乐于助人、有爱心的同学，老师很喜欢你上课及时回答问题，你走进班级就坐在位置上学习的样子深深地印在老师的脑海里。如果你能改掉上课爱说话的毛病，专心听讲，老师相信你的学习成绩一定会提高得很快。"人性化的评价语更易于让学生及家长接受，对学生良好品格的形成有激励作用。

其次，评语要有针对性，也就是评语的导向作用。主要用于班级中等生的评语。这一类学生在综合表现方面一般，需要班主任进行方向性引导，学生才会朝着这个目标努力。例如："你是一位爱学习、爱劳动、团结同学、尊敬师长的温柔内向的女生，希望在新的学期，老师能看到你在课堂上积极回答问题、大胆发言的样子。你能做到吗？"这类具有导向性的互动式评语，让学生感到师生之间处于一种平等的地位，老师始终在关注着自己。从学生的角度出发，更有利于学生在老师的评语引导下朝着预期的目标前进。

最后，评语要有发展性，引用名言名句来总结。主要用于班级优秀生。班主任结合学生的具体表现进行评写。例如："你是一位成绩优异、品学兼优、活泼开朗的小男孩。你能在班级给其他同学解答问题，老师很欣赏，用自己学到的知识帮助同学是一件很快乐的事。希望在新的学期你能芝麻开花——节节高！"班级优秀生一般会有一种优越感，他们一直是家长和老师眼中的佼佼者，为避免此类学生产生懈怠心理，班主任在期末评语中对学生进行更高层次的期待，学生才会有更进一步的心理需求。

总之，根据不同程度的学生设计具有人性化、综合性、激励性和导向性的评语，能很好地发挥期末评语对学生的学习能力、创新精神、学习态度、养成行为习惯的引导作用。

2

教学实践

第二篇

《暮江吟》微课课堂实录

同学们好，这节课我们来学习古诗《暮江吟》，作者是唐代的白居易。我们这节课的学习目标有两个：一有感情地朗读古诗，背诵古诗；二想象"一道残阳铺水中，半江瑟瑟半江红"的景象，用自己的话说一说。

接下来我们来学习古诗，请同学们自由朗读古诗《暮江吟》。"《暮江吟》，唐，白居易。一道残阳铺水中，半江瑟瑟半江红，可怜九月初三夜，露似真珠月似弓。"古诗读完了，请同学们根据课本注释回答以下四个词语的意思："吟""瑟瑟""可怜""真珠"。"吟"，是古代诗歌体裁的一种。"瑟瑟"，这里形容未受到残阳照射的江水所呈现的青绿色。"可怜"，可爱。"真珠"，这里指珍珠。

同学们，根据课本注释，我们知道了这几个词语的意思，下面把这几个词语带入古诗中，我们来看一看诗句意思。

请同学们看这幅插图，夕阳西下，江水一半红色一半绿色，我们可以用诗句"一道残阳铺水中，半江瑟瑟半江红"来描绘这个画面。同学们看着画面，想象这句诗的意思是什么？根据课文的插图和课本注释，我们知道这句诗的意思是，"红日西沉，余晖铺洒在江面上，使得江水受光处呈现出红色未受光处呈现出青绿色"。同学们，这句诗的意思，你们知道了吗？根据画面再来想象一下这句诗的意思。"一道残阳铺水中，半江瑟瑟半江红。"好，这句诗的意思我们知道了。请同学们再看这幅插图，有弯弯的月亮，草叶上有露珠，这个画面我们可以用"可怜九月初三夜，露似真珠月似弓"来描绘。根据插图，联系上下文我们知道这句诗的意思是，"九月初三的夜晚多么叫人喜爱呀，那露珠像珍珠一样闪烁发光，月亮如同一张弯弓挂在空中"。

同学们，刚才我们根据课本插图想象了诗意，根据课本的注释读懂了诗意，并且联系上下文，理解了诗意。这三种方法是我们学习古诗、理解诗意常用的方法，在以后的古诗学习理解诗意的过程当中，你们也要经常运用。古诗的意思我们知道了，下面请同学们跟着老师来练一练。

回答得很好，老师再来测一测同学们对诗句意思的掌握。谁来说一说"一道残阳铺水中，半江瑟瑟半江红"的意思？回答得很全面。

请同学们试着背诵《暮江吟》。

根据诗中描绘的景色，画一画这首诗。

根据音乐来读唱舞古诗。

同学们，这节课我们学习了古诗《暮江吟》，并且根据画面想象知道了"一道残阳铺水中，半江瑟瑟半江红"的意思，另外我们还背诵了古诗。我们今天的作业是：一、把古诗《暮江吟》的意思讲给家人听；二、根据《暮江吟》的学习方法自主合作学习《题西林壁》和《雪梅》。同学们一定要认真完成。

这节课我们就学到这儿，同学们，我们下节课再见。

附：《暮江吟》学习任务单

姓名：　　　　　　　　自评等级：

一、练（词语的意思我知道）

吟：＿＿＿＿＿＿＿＿＿＿＿＿＿

瑟瑟：＿＿＿＿＿＿＿＿＿＿＿＿

可怜：＿＿＿＿＿＿＿＿＿＿＿＿

真珠：＿＿＿＿＿＿＿＿＿＿＿＿

二、测（诗句的意思我会写）

一道残阳铺水中，半江瑟瑟半江红。

_____

_____

三、玩（诗中的景色我会画）

1. 根据《暮江吟》所描绘的景色画一画。

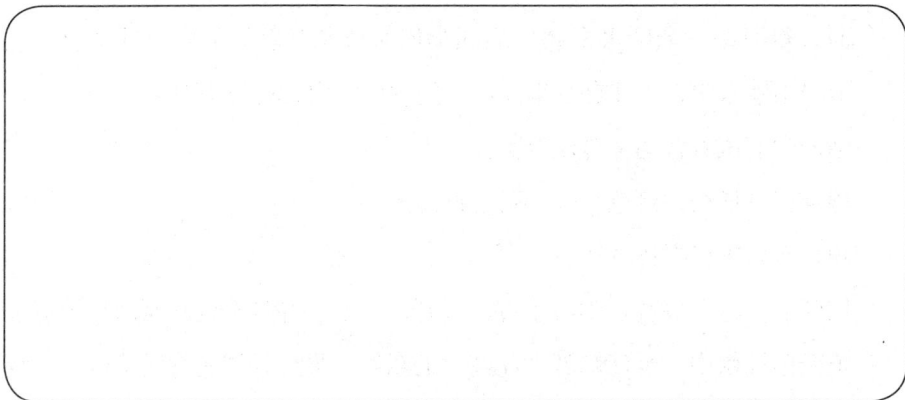

2. 读唱舞古诗《暮江吟》。

《通往广场的路不止一条》导学案

【教学准备】

发放《通往广场的路不止一条》导学案。

【教学过程】

（一）出示目标

板书课题：14.通往广场的路不止一条

师：同学们，上节课我们学习了《钓鱼的启示》这篇课文，一次钓鱼的启示，给作者留下了永久的回忆。今天，我们学习一位作者在登塔远眺的时候获得的终身受益的启示。请同学们齐读课题。

生：14.通往广场的路不止一条。

师：请看这节课的学习目标：（大屏幕显示）

1. 认识4个生字，认识一个多音字"挑"。能够理解由生字组成的词语。能借助成语辞典，理解文中成语的意思，积累好词佳句。

2. 能正确、流利、有感情地朗读课文，能背诵父亲教导"我"的话。

3. 联系课文内容，再结合生活实际，领悟"通往广场的路不止一条"的深刻含义，从中感悟作者的人生态度，说说自己以后如何去面对困难挫折，树立积极奋进的生活态度。

师：请同学们自由读一读学习目标。

生自由读学习目标。

师：目标明确了，接下来请同学们根据自学提示和导学案自主合作学习课文内容吧！10分钟后，汇报学习成果。

（二）自主合作探究学习

生自主合作探究，师巡回检查指导。

（1）学生自学，用自己喜欢的方式读课文，边读边想课文主要讲了什么。

（2）这篇课文主要讲了什么？

（3）《通往广场的路不止一条》是一篇极富哲理的文章，文章中哪部分内容给你留下的印象最深？为什么？

（4）读了课文之后，有什么不理解的地方需要提出来大家一起研究的吗？

（三）汇报交流

师：请同学们分小组以自由形式读课文。

生自读课文，接龙读、分组读。师及时点评。

师：读完了课文请同学们用自己的话说说课文的内容。

生：这篇课文主要讲了父亲带领孩子登塔远眺并告诉孩子一个道理：通往广场的路不止一条，生活也是这样。

生：主要讲了我牢记父亲的教诲：通往广场的路不止一条，生活也是这样。通过这个道理，我在生活中克服了很多困难并取得成功的事情。

生：主要讲了父亲的教导让我一生受用不尽：通往广场的路不止一条，生活也是这样，当一条路不通的时候我们可以走另一条路试试。

……

师：同学们说得太好了！那么，课文中哪部分给你留下深刻的印象呢？请说一说，要说出原因哦！

生自由发言。

师：下面选择你印象最深的、最喜欢的段落来分组自学。

大屏幕出示自学提纲：

（1）读一读，把你最喜欢的语句读给小伙伴听。

（2）读一读，把你学懂的道理通过画画展示出来。

（3）读一读，把你心中的感受说出来。

学生按自学提纲分组自学，教师指导。

师：同学们读得太好了！读完了这篇课文，你有什么不理解的地方要大家帮你一起解决的吗？

生自由发言。师生解疑。

师：生活中你一定也遇到过困难，当时你是怎么做的？学了这篇课文后，你会怎样做？请说一说。

生自由发言，师及时评价。

师：如果你长大后没有实现自己的理想，将如何面对失败？请谈一谈。

生自由发言，师及时评价。

（四）当堂训练

完成课时作业。

（五）总结拓展

同学们说得真好！这节课我们联系上下文、联系生活实际理解了"通往广场的路不止一条"这句含义深刻的话，给我们的人生上了很好的一课，相信同学们将感悟终身。成功是一种态度，只要带着希望出发，成功就会离你越来越近。顽强的意志可以帮助人克服许多困难，当再一次冲破艰难险阻，经历了苦难后，通往广场的路就会又多了一条。

【教学反思】

课文中写了作者长大后两次遭遇挫折，由于自己的不懈努力而最终取得成功的事例。通过事实，进一步证实"通往广场的路不止一条"这个道理。在教学中，安排学生在阅读中思考：作者现在的这种豁达乐观的心态与父亲在她小时候对她的教育熏陶有没有联系？为了加深并且拓展学生的思想认识，在品味课文的基础上，我还有意让学生想象：如果你长大后没有实现自己的理想，将如何面对失败？通过对这一问题的广泛讨论，学生对"通往广场的路不止一条"这个道理有了更直观的理解。

在教学这节课时，发现现在的孩子因为社会阅历浅、知识有限，所以对"通往广场的路不止一条"这个道理理解得比较浅显，但是学生能根据已有的知识把"通往广场的路不止一条"这个道理延伸到生活中，当遇到困难的时候，要多动脑筋，想办法解决问题。在处理"联系课文内容，再结合生活实际，领悟'通往广场的路不止一条'的深刻含义，从中感悟作者的人生态度，说说自己以后如何去面对困难挫折，树立积极奋进的生活态度"这个教学目标的时候，我恰当地引导学生小组内交流平时生活中遇到的小困难或者是学习中所遇到的小困难，当时你是怎样想的，怎样做的？这样贴近学生的生活实际易于激发学生的学习兴趣，加深学生对课文的理解。

《乡下人家》教学设计

【教学目标】

（1）学会本课14个生字，正确读写"棚架""风趣""装饰""顺序""照例""率领""觅食"等词语。

（2）正确流利地朗读课文，读准字音。

（3）概括课文主要内容。

（4）用结构层次图厘清文章的写作顺序。

【教学重难点】

（1）概括主要课文内容。

（2）用结构层次图厘清文章的表达顺序。

【教学准备】

视频《乡下人家》、教学课件。

【教学过程】

（一）图片导入

1. 课前播放图片

同学们，刚才我们欣赏了美丽的图片，它们和乡下人家一起绘成了一幅自然、和谐的田园风景画。这节课我们就一起来学习第21课《乡下人家》。

2. 板书课题

21. 乡下人家

（二）读对课文

（1）请同学们自由轻声地朗读课文，要求：读准字音、读通课文、难读的地方多读几遍。老师下去听一听，看谁读得最认真。

生根据朗读要求阅读课文。师巡回指导，巡视学情。

（2）认读屏幕出示的词语：棚架、风趣、装饰、顺序、照例、瞧见、率领、觅食、捣衣、归巢、和谐、鸡冠花、催眠曲、天高地阔。

（3）指名2个同学读一读这些词语。其他同学注意倾听，听他们读得是否准确。错了哪个字单独再让同学读。最后全班齐读词语。（3分钟）

（4）预设指导书写（预设为饰、率）。

（三）读好课文

（1）播放视频。

（2）指导朗读课文。

（3）抽读句子和段落（课件播放）。

a. 青、红的瓜，碧绿的藤和叶，构成了一道别有风趣的装饰，比那高楼门前蹲着的一对石狮子或是竖着的两根大旗杆，可爱多了。

b. 几场春雨过后，到那里走走，常常会看见许多鲜嫩的笋，成群地从土里探出头来。

c. 从他们的房前屋后走过，肯定会瞧见一只母鸡，率领着一群小鸡，在竹林中觅食；或是瞧见耸着尾巴的雄鸡，在场地上大踏步地走来走去。

d. 天边的红霞，向晚的微风，头上飞过的归巢的鸟儿，都是他们的好友，它们和乡下人家一起，绘成了一幅自然、和谐的田园风景画。

e. 乡下人家，不论什么时候，不论什么季节，都有一道独特、迷人的风景。

（四）读懂课文

（1）请大家默读课文，想想课文主要写了一件什么事，用一句话概括。

（20分钟）（评语：归纳得很完整、说得很详细）

（2）课堂练习，按课文内容填空。

碧绿的（　　　）　　　风趣的（　　　）　　　鲜嫩的（　　　）

（　　　）、（　　　）的田园风景画　　　（　　　）、（　　　）的风景

（五）总结

为什么说"乡下人家，不论什么时候，不论什么季节，都有一道独特、迷人的风景"？我们下一节课再接着学习。

《浪淘沙》（其一）教学设计

【学习目标】

（1）有感情地朗读、背诵《浪淘沙》（其一），默写《浪淘沙》（其一）。（重点）

（2）读读古诗，想象诗句描绘的画面，说说你从哪里体会到黄河的气势磅礴？（难点）

【教学过程】

（一）图片导入

（1）同学们，你们猜一猜这幅图拍的是哪里？（生回答）

（2）看着图片，你们能用哪些词语来形容黄河？（生自由回答）同学们的词汇真丰富，我们来看看唐代诗人刘禹锡是怎样描写黄河的。板书《浪淘沙》（其一），生齐读。

设计意图： 课件出示图片，让学生观察图片，说说可以用哪些词语来形容黄河的气势磅礴。

（二）读通古诗

（1）课题我们读过了，谁来说说你是怎样理解课题的？（浪淘沙是唐代曲名，一般用来抒发豪迈的感情）

（2）课题我们明白了，接下来请同学们翻开课本第82页，用你喜欢的方式读古诗《浪淘沙》（其一），要注意读准字音、读通古诗，读完以后坐端正。

（3）汇报交流。指名读，注意"曲（qū）""簸（bǒ）"，指导书写"涯"（左右结构，书写的时候要注意从属关系，左窄右宽）。

（三）读懂古诗

（1）再读古诗。示范读古诗，男生读、女生读、齐读。

古诗同学们都读得很熟了，古诗的意思你们理解吗？首先请看老师收集到的作者简介及这首诗的创作背景，这些可以帮助你们理解诗意。

（2）合作学习。借助注释、相关资料背景、想象画面等方式理解诗意。

（3）汇报交流。想象画面：（学生可以说一句，也可以全解）黄河夹带着绵延万里的黄沙，从遥远的天边蜿蜒奔腾而来，如今我要直向它的源头——银河冲去，和传说中的古人一起去到天上的牵牛织女家。

（4）再读古诗。想象画面，说说你从哪里体会到黄河的气势磅礴？（抓关键句：九曲黄河万里沙，浪淘风簸自天涯）

（5）汇报交流。生自由发言。（前两句歌咏黄河，既写出了黄河九曲的姿态，又写出了黄河夹带着黄沙、奔腾而来的气势。后两句既由景色联想到黄河与天河相通的典故，又联想到自身，表现出作者逆流而上、直冲九霄的豪迈气概。）

（四）读好古诗

（1）让我们带着诗人这种乐观豪迈、积极向上的情感有感情地朗读古诗，注意读出黄河的气势磅礴。

（2）有感情地朗读古诗，试背诵课文。

（3）默写古诗，同桌互评。

（五）改诗成话

发挥想象，将古诗改写成一段话。

【教学反思】

2019年11月22日，在海南省陵水黎族自治县北斗小学，我上了省骨干示范课——统编版小学语文六年级上册《浪淘沙》（其一）。这是第六单元第

17课《古诗三首》中的第一首。这个单元围绕"保护环境"的主题编排了四篇课文，主题突出、内容丰富、形式多样。《浪淘沙》（其一）是唐代诗人刘禹锡在被贬官时所作。这首诗描绘了黄河的气势磅礴，前两句歌咏黄河，起笔极具气魄，既写出了黄河九曲的姿态，又写出了其裹挟黄沙奔腾而来的气势。后两句中，诗人由景色联想到黄河与天河相通的典故，又联系到自身，进而驰骋浪漫地想象，表现出作者逆流而上、直冲九霄的豪迈气概。

在设计这节课时，我们进行了3次磨课。第一次是复习导入，用复习学习古诗的方法导入，但是学生的兴趣不大。第二次改为歌曲导入，先播放歌曲《保卫黄河》，通过歌曲的宏伟气势来引导学生感受黄河的气势磅礴，效果还是不理想。最终我们确定用黄河的图片导入，直观形象、富有感染力。在课堂导入时，用课件出示图片，让学生观察图片，说说可以用哪些词语来形容，学生反响热烈，有的说波涛汹涌、有的说汹涌澎湃……这节课的教学，师生反馈课堂效果优秀。

《落花生》第二课时教学设计

【教学目标】

（1）有感情地朗读第3—15自然段。

（2）了解借物喻人的写作方法。（重点）

（3）学习运用借物喻人的写法，试着选择一种事物进行仿写。（难点）

【教学过程】

（一）复习导入，总结写法（我知道）

说说课文写了哪些内容，用小标题概括。概括总结文章略写和详写，了解这样写的好处。

设计意图：温故而知新，为下文分角色朗读做铺垫。

（二）分角色朗读第3—15自然段，了解借物喻人的写法（我会读）

（1）分角色朗读课文第3—15自然段。

设计意图：进一步感知课文内容。

（2）课件出示父亲的话，指名读、讲，说说你读懂了什么？师评议。

设计意图：通过读、讲父亲议花生的语句，加深学生对父亲的话的理解；运用对比，突出花生不炫耀自己、默默奉献的品格。

（3）总结借物喻人的写法。

课件出示父亲和我的对话，指名读。小结：希望孩子们能像花生那样，朴实无华，却很有用。课文从议花生讲到做人，告诉我们一个深刻的道理，这种写法就叫借物喻人。

设计意图： 教给学生借物喻人的写作方法，为下文运用写作方法做铺垫。

（4）在我们的周围也有许多像花生一样的人和事，让我们懂得要做有用的人的深刻道理，你能举例子说一说吗？

设计意图： 让学生联系生活实际说一说，树立学生正确的人生观、价值观，为接下来的写作做准备。

（三）范文引路，练习写法（我会写）

1. 范文引路

粉笔赞

黑板前的桌子上，零零碎碎地摆放着许多粉笔。这些粉笔几乎都快要走到生命的尽头，有些甚至小得不值一提。上课的铃声响了，老师迈着大步走了进来，将课本放到桌子上，开始了这节课的内容。老师拿起了一支刚好能抓住的粉笔，转身在黑板上为我们写着……粉笔化作粒粒白色的颗粒状物体，在黑板上留下了自己的痕迹。当这一支小小的粉笔为我们留下最后一个字，完成它最后一个任务后，就消失了。从这支小小的粉笔身上，我们看见了多么伟大的品质——默默无闻、无私奉献。我们要做一个像粉笔那样的人。

设计意图： 范文引路，对学生运用借物喻人的写法进行帮扶，引导学生仿写一段话。

2. 发放作业单

联系生活想一想，像落花生这样的事物还有哪些？它们体现出一种什么样的精神？仿照《落花生》的写法，根据提示，试着从身边的事物中选择一种写一段话。

3. 指导

学生写作，老师巡回指导。

（四）汇报习作

指名学生展示、朗读自己的习作。

设计意图：让学生自己展示朗读习作，增强学生成功的自信心和认同感。

（五）完成习作

运用借物喻人的写法继续完成课堂小练笔。

【板书设计】

15. 落花生

议花生——做人

借物喻人

附：当堂训练作业单

15. 落花生

班级：　　　　　　姓名：　　　　　　评价：☆☆☆☆☆

仿照范文，写一段话。

要求：用上借物喻人的写法，题目自拟。（提示：如燃烧自己、照亮别人的蜡烛；不畏严寒的青松；默默无闻的小草……）

<table>
<tr><td></td><td></td><td></td><td></td><td></td><td></td><td></td><td></td><td></td><td></td><td></td></tr>
<tr><td></td><td></td><td></td><td></td><td></td><td></td><td></td><td></td><td></td><td></td><td></td></tr>
<tr><td></td><td></td><td></td><td></td><td></td><td></td><td></td><td></td><td></td><td></td><td></td></tr>
<tr><td></td><td></td><td></td><td></td><td></td><td></td><td></td><td></td><td></td><td></td><td></td></tr>
<tr><td></td><td></td><td></td><td></td><td></td><td></td><td></td><td></td><td></td><td></td><td></td></tr>
<tr><td></td><td></td><td></td><td></td><td></td><td></td><td></td><td></td><td></td><td></td><td></td></tr>
<tr><td></td><td></td><td></td><td></td><td></td><td></td><td></td><td></td><td></td><td></td><td></td></tr>
<tr><td></td><td></td><td></td><td></td><td></td><td></td><td></td><td></td><td></td><td></td><td></td></tr>
<tr><td></td><td></td><td></td><td></td><td></td><td></td><td></td><td></td><td></td><td></td><td></td></tr>
</table>

"我的发现·日积月累"教学设计

本课是统编版小学语文三年级下册语文园地六的内容。

【教学目标】

（1）能发现多音字的规律，正确掌握6个多音字在不同语言环境中的读音。

（2）认记8个生字，积累关于天气预测的民间知识。

【教学重难点】

（1）引导学生发现多音字多义词。

（2）积累和气象有关的谚语。

【教具】

多音字注音卡片、课件。

【教学课时】

一课时。

【教学过程】

（一）我的发现

（1）自读，注意这些带点的字，你发现了什么？把你的发现告诉同桌。

（一字多音，同一个字在不同的语言环境读音不同，这叫作多音字。）

（2）教师用卡片或游戏方式检查学生认读多音字的准确情况。

（3）指导学生用词语说句子，体会多音字的读音，知道联系上下文确定多音字的读音。

（4）拓展练习。你在课外阅读中发现过多音字吗？小组合作仿照课本写词语，看哪一组写得多。

（二）日积月累

1. 读读认认

（1）读通韵文，练习读正确、读流利。

（2）同桌互读，比一比谁读得正确。

（3）说说你有什么发现？（让学生明白这些词语指的都是人们常用的调料和味道。）

（4）用这些字扩词。

（5）小组内互读。

（6）小组内指认生字，说一说记字的小窍门。

（7）教师用课件出示生字的方式检查生字认读情况。

2. 读读背背

（1）自由读这5句民谚，看谁读得最正确。

（2）指名读，师生纠错。

（3）同桌互相说一说知道了哪些关于天气预测方面的知识。

（4）通过齐读、指名读、男女生对读等多种形式的读，达到背诵积累的目的。

《童年趣事》第二课时教学设计

本课是统编版小学语文五年级下册第二单元习作——作文讲评与修改。

【教学目标】

（1）交流自己的习作《童年趣事》，自评、互评。

（2）修改自己的习作，抄正。

（3）学会把事情的经过写清楚，写出自己的真情实感和明白的道理。

【教学重难点】

交流自己的习作，通过师生评议，学会评改自己和他人的习作。把事情写得真实具体，语言通顺，表达出自己的真实情感。

【学情分析】

五年级学生已经具备了一定的听、说、读、写、记的能力。在阅读和习作的过程中，有了自己的见解和感受，并能够有条理地说出自己的看法和感悟。在本节课的作文讲评中、在教师的组织和引导下，让学生自评自改，写出评语符合学生的学习能力。

【课前准备】

准备范文一至两篇、课件。

【课时安排】

第二课时。

【教学过程】

（一）范文引路，激发评议兴趣

1. 课件出示（范文）

童年趣事

童年是由纯真、幼稚的故事串成的美丽珠链，那充满幼稚和欢乐的"珠链"中，一件件有趣的往事，就像一朵朵鲜花开放在我的心中，无比艳丽，无限诱人。

那是在我家院子里的晚上。"快来呀，我们来捉迷藏，快来，快……"我一边喊着院里的小香出来，一边寻找着藏身之地。小香闻声赶来，你藏我捉，你捉我藏，玩得不亦乐乎。

这回又该我藏了，我东张西望，突然眼前一亮，咦？那是什么，我好奇地走近一看，咦？月亮怎么跑到脸盆里去了？我一定要做一次好事，把月亮捉住让大伙看看我的本领多大。说干就干，于是我小心地把另一个脸盆猛地盖在那个盆上，高兴地叫："小香，快来，我捉到月亮了，快来呀！"小香急忙跑来，"月亮，在哪里呀！"我把脸盆搬进房里，慢慢地打开脸盆。咦，月亮呢？月亮怎么没了，我没有打开过脸盆呀！我哭着闹着要月亮，奶奶答应，明天晚上再给我捉一个……

瞧！这就是我的有趣的童年生活，是多么欢乐幼稚呀！

2. 出示讨论题目

（1）文章给人的感觉真实吗？有趣吗？

（2）范文中的语言、动作、神态及心理活动的描写怎样？哪些地方值得你借鉴和学习？

（先分组讨论，然后各组长汇报，师生共同评议、补充。）

3. 教师点评和小结

从内容和体裁两方面点评习作的示范作用。

（二）交流习作，评议互改

（1）把自己的作文与大家一起交流，是一件很快乐的事情。如果你写的有趣的故事能够给大家带来快乐，你自己也一定会很开心的。自己选择伙伴进行修改，找出习作中值得学习的文句，用波浪线画下来。写出好在哪里和为什么好（评语），写出自己的感受和启发。

（2）推荐习作全班交流，并说说推荐的理由，教师及时点评。找出亮点，放大亮点，激励评说。使学生明白别人写的好处在哪里，为什么好。引导学生借鉴长处，重新修改自己的习作。

（三）学生自改，二次作文

（1）请画出你自认为写得比较好的句子与大家共享，再次修改。

在自改过程中，学生重新感受写作的过程，在查缺补漏中完善了自己的作文，享受了习作过后的愉悦感。

（2）学生二次作文。在教师巡视指导过程中对于能把事情写清楚，很有个性化、真实性的作文和比较存在问题或问题较大的作文进行师生集体评改（各不少于2遍），随后学生第二次作文。

（3）集体评改作文。

（四）评选佳作，成功激励

（1）请小组同学或自己的好朋友为自己的习作写一写评语。

（2）教师进一步评议，表扬写作特色，有独特体验的亮点。尽可能多表扬。

（3）组织评选班级最佳小作家、最佳小编辑。

【教学反思】

课堂即生活。教师在课堂上努力营造宽松、愉悦、融洽的学习语文的氛围，自身极具亲和力。教师把学生看成一个生命体，而不是认知体，如同是自己的朋友一般去尊重每一位学生，用自己的言行让学生感到教师是他们可亲近的朋友。师生之间平等对话，同学间无拘无束地交流，人人都全身心地投入，人人都是学习的主人。范文引路，为学生的习作提供了可借鉴的范例；指导评说，使学生从范文中获得写作的智慧，酝酿写作的情趣，打开写作的思路。

《义务教育语文课程标准（2022年版）》指出：小学高年级学生应做到"养成留心观察周围事物的习惯，有意识地丰富自己的见闻，珍视个人的独特感受"，"内容具体，感情真实"，"修改自己的习作，并主动与他人交换修改"。在本次教学中，学生在看、听、说、读、改的学习过程中自主参与习作实践；在兴致盎然的习作实践中，感受习作成功带来的乐趣；在具体形象的习作实践中，初步了解和运用了自主、合作、探究的学习方式，语文素养得到了有效的培养。

《自然之道》导学案

教师寄语：处处留心皆学问，人情练达即文章。

主备人：_____ 课型：**精读课文** 学科组长签名：_____

小组长签字：_____ 班级：第__小组 姓名：_____

【第一课时】

（一）出示目标

（1）认识7个生字，会写14个生字，正确读写"旅游""幼龟""沙滩""侦察""企图""情愿""蠢事""返回""海鸥""补救""争先恐后""若无其事""见死不救""鱼贯而出""愚不可及""气喘吁吁""响彻云霄"等词语。（学习重点）

（2）正确、流利、有感情地朗读课文，理解课文内容。（学习难点）

（二）自主、合作探究学习

（1）默读课文，借助工具书或者联系上下文读通课文，边读边圈画出不理解的字词。

（2）小组内分段读课文，生纠错。

（3）识记词语：旅游、幼龟、沙滩、侦察、企图、情愿、蠢事、返回、海鸥、补救、争先恐后、若无其事、见死不救、鱼贯而出、愚不可及、气喘吁吁、响彻云霄。

（4）请大家再次默读课文，试着给课文划分段落，并写出段意。

（预设答案）第一部分（第1、2自然段）：作者和_____及一个生物学家向导，结伴来到_____旅游，观察_____是怎样离巢进入大海的。

第二部分（第3、4自然段）：他们不顾向导劝阻，要向导_____ _____。

第三部分（第5—7自然段）：成群的幼龟得到_____信息，从巢中鱼贯而出，成为_____。

第四部分（第8自然段）：我们感到_____和震惊。

（三）汇报展示

（1）指名认读生字词：旅游、幼龟、沙滩、侦察、企图、情愿、蠢事、返回、海鸥、补救、争先恐后、若无其事、见死不救、鱼贯而出、愚不可及、气喘吁吁、响彻云霄。

（2）说说课文写了一个什么故事？

（3）分小组比一比，哪组能正确、流利有感情地朗读课文。

（4）指名读，师生评价。

（四）当堂训练

1. 我会写

　　lǚ yóu　　　shā tān　　　zhēn chá　　　qǐ tú　　　chǔn shì

　（　　　）（　　　）（　　　）（　　　）（　　　）

　　zhēng xiān kǒng hòu　　　rùo wú qí shì　　　yú guàn ér chū

　（　　　　　　　）（　　　　　　　）（　　　　　　）

2. 我会填

课文按照_____发展的顺序，讲述了一个发人深省的故事。这个故事告诉我们，如果不按照_____办事，往往会产生与我们的愿望相反的结果。

（五）总结反馈

略。

【第二课时】

（一）出示目标

（1）能有感情地朗读课文，并理解课文内容。

（2）体会向导的话的含义，从中受到"做事要遵循自然规律"的教育。

（二）自主、合作探究学习

（1）请同学们自由读课文，思考以下问题。

① 向导为什么说"叨就叨去吧，自然之道，就是这样的"？

预设答案：＿＿＿＿＿＿＿＿＿＿＿＿＿＿＿＿＿＿

＿＿＿＿＿＿＿＿＿＿＿＿＿＿＿＿＿＿＿＿＿＿＿＿

② 小绿宅的生命牵动着"我们"和"向导"的心，"我们"和"向导"的思想感情有哪些变化？（画出重点词）

预设答案：＿＿＿＿＿＿＿＿＿＿＿＿＿＿＿＿＿＿

＿＿＿＿＿＿＿＿＿＿＿＿＿＿＿＿＿＿＿＿＿＿＿＿

（2）读了课文我明白了：＿＿＿＿＿＿＿＿＿＿＿＿

＿＿＿＿＿＿＿＿＿＿＿＿＿＿＿＿＿＿＿＿＿＿＿＿

（三）交流互动

（1）指名汇报：向导为什么说"叨就叨去吧，自然之道，就是这样的"？

（因为向导知道，这是太平洋绿龟防护天敌、自我保护的手段。）

（2）指名汇报：小绿宅的生命牵动着"我们"和"向导"的心，"我们"和"向导"的思想感情有哪些变化？

"我们"的心情变化是：紧张—（　　　）—后悔

"向导"的心情变化是：若无其事—（　　　）

（3）大家自学得很认真，效果很好，请大家读一读第3—8自然段。

再体会"我们"和"向导"的心情，可以对比着读一读，体会来比一比。（抓住重点，读出感情）

（4）指名答，指导朗读。

（四）当堂训练

因为我们的"_____"而让绿龟遭受到_____，这是无法挽回的。

从"我们"的身上，你受到了什么启示？

预设答案：_____

_____

向导知道我们的想法会伤害了幼龟，为什么不制止，反而抱着那只幼龟朝大海走去。向导的做法你赞成还是反对呢？（动手写写）

_____

_____

（五）总结反馈

这个故事告诉我们：如果不按照自然规律办事，往往会产生与我们的愿望相反的结果。

"哲理诗"教学设计

本课是统编版小学语文四年级上册第三单元组文教学。

【教学目标】

（1）有感情地朗读古诗、背诵古诗、默写《题西林壁》。

（2）借助注释、插图等理解诗句，说说诗中蕴含的道理。

【教学过程】

（一）导入朗读（5分钟）

（1）互动交流：同学们，跟其他老师交流，听说你们很聪明、学习能力强，今天我想来考验考验大家是不是真的很聪明，你们敢不敢接受我的考验呢？好，今天老师给同学们带来了几首诗，我们这一节课要把它们学完，如果能够完成，就说明你们很聪明，理解能力和学习能力很强。我会颁发奖品哦！好，考验现在开始。

（2）课件出示四首古诗。用你喜欢的方式自由读这四首古诗，要求读准字音，读通诗句。

（二）精讲古诗《题西林壁》（10分钟）

1. 学（3分钟）

（1）指名分别读四首古诗。

（2）古诗你们读准了，诗意你们理解吗？我们一起先来学习一首老师喜欢的古诗吧！

（3）出示古诗《题西林壁》，要求学生齐读、个别读。

（4）出示庐山不同角度的美景，让学生说一说，这些图片用诗中的句子来表达是："横看成岭侧成峰，远近高低各不同。"

（5）借助注释指名说一说古诗的意思。题：书写，缘：因为。作者之所以"不识庐山真面目"是因为"只缘身在此山中"。

小结：指导学法。出示注释，让学生说一说诗句（借助注释）；根据插图让学生说诗句的意思；联系上下文理解古诗。这三种是我们常用的理解诗文的方法，同学们要学以致用。

2. 练（2分钟）

完成任务单一。

3. 测（3分钟）

（1）"不识庐山真面目"的原因是"身在此山中"，那么我们怎样才能看清"庐山真面目"呢？

（2）那么，做人方面，我们又获得了哪些启发呢？

（3）从不同的角度观察，结果就不一样。你在生活中有没有遇到过这样的例子？

4. 玩（2分钟）

（1）出示幻灯片：选你喜欢的方式汇报古诗——唱一唱、背一背、画一画、说一说、写一写。

（2）出示读唱：播放《题西林壁》音频，让学生一起唱。

（三）自主合作学习（13分钟）

自主合作学习另外三首古诗，完成任务单二。

（四）交流展示（10分钟）

三个小组主动展示，按照任务单中的"读一读古诗，说一说诗意"这个形式来交流。教师及时评价。

（五）总结拓展（2分钟）

（1）出示思维导图。

（2）我的发现：这一组诗都能给我们启发或者告诉我们一定的道理，像这样的诗就是哲理诗。在生活中，我们要多观察、多思考，处处留心皆学问。以后遇到古诗我们可以用今天学到的方法来理解诗意。

（同学们，这节课你们学会了四首古诗，还学会了理解诗句的方法，知道了什么是哲理诗，真是一群优秀的孩子，老师给你们点赞！最后我们看看今天的作业吧。）

（六）作业布置

收集关于哲理的古诗或者文章，和同桌交流。

同学们，你们这节课的表现真是太精彩了，祝贺你们顺利通过了老师的考验，老师送给你们一个小贴纸。我们下次再见！

附1：四年级上册第三单元组文教学学习任务单一

姓名：　　　　　　　自评学习力：☆☆☆☆☆

题西林壁

［宋］苏轼

横看成岭/侧成峰，

远近高低/各不同。

不识庐山/真面目，

只缘身在/此山中。

一、学

1.根据划分的节奏读一读古诗。

2.我会填。《题西林壁》是_____代诗人写的。前两句诗写了诗人从_____等不同角度观看（地点）的。诗人之所以"不识庐山真面目"是因为_____。

二、练

1. 联系上下文理解诗意：不识庐山真面目，只缘身在此山中，正确的是
（　　　）。

A. 我之所以认不清庐山真正的面目，是因为我人身在庐山之中。

B. 我不认识庐山真正的面目，只是身在庐山中。

2. 这首诗告诉我们的道理是（　　　）。

A. 看问题的角度不同，得到的结果就不同。

B. 要想弄清楚问题，就要从全面考虑。

C. 看问题的角度不同，得到的结果就不同。要想弄清楚问题，就要从
全面考虑。

三、测

1. 终于来到了风景秀丽、雄奇壮观的庐山，望着连绵起伏的群山，我突
然想起苏轼写的一句诗_____。

2. 默写古诗。

题西林壁

［宋］苏轼

横看_____，远近高低_____。

不识_____，_____此山中。

四、玩

唱一唱、读一读或画一画古诗《题西林壁》。

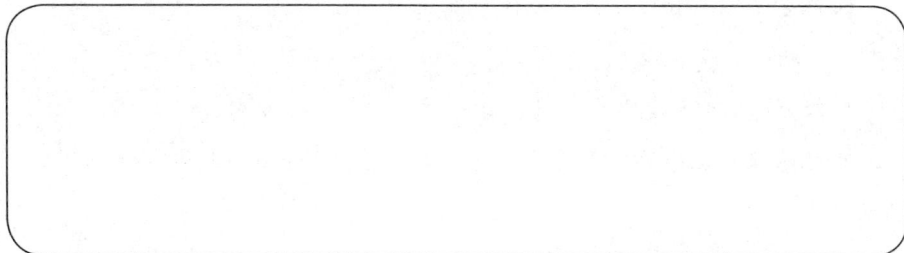

附2：四年级上册第三单元组文教学学习任务单二

姓名：　　　　　　自评学习力：☆☆☆☆☆

学习任务一

雪 梅

[宋] 卢钺

梅雪争春未肯降，

骚人阁笔费评章。

梅须逊雪三分白，

雪却输梅一段香。

一、学

读一读古诗《雪梅》，填一填。

这首诗是____代诗人_____写的。诗中描写的景物有_____和_____。

二、练

1. 梅的长处是_____，雪的长处是_____。梅和雪都认为各自占尽了春色，谁也不肯服输，难坏了诗人，难以评判。与这句话相照应的诗句是（　　　）。

A. 梅雪争春未肯降，骚人阁笔费评章。

B. 梅须逊雪三分白，雪却输梅一段香。

2. 诗人借梅雪争春告诉人们，人各有所长，也各有所短，要取长补短的诗句是（　　　）。

A. 梅雪争春未肯降，骚人阁笔费评章。

B. 梅须逊雪三分白，雪却输梅一段香。

三、测

1. 给古诗划分节奏再读一读，背一背。

2. 根据课文注释用自己的话说说"梅须逊雪三分白，雪却输梅一段香"的意思。

四、玩

同桌两人合作，分角色扮演和雪梅争春的情景。

学习任务二

赋得古原草送别

［唐］白居易

离离原上草，

一岁一枯荣。

野火烧不尽，

春风吹又生。

一、学

1. 自由划分节奏，读一读、背一背《赋得古原草送别》。

2. 诗句中"离离"的意思是（　　　）。

A. 青草茂盛的样子。

B. 离别。

二、练

说一说你认为诗中给你启发或道理的是哪些诗句？为什么？因为这两句诗启发我们要_____。

三、测

再读古诗，想象画面，用自己的话说一说对"野火烧不尽，春风吹又生"的理解。

学习任务三

登飞来峰

［宋］王安石

飞来山上千寻塔，

闻说鸡鸣见日升。

不畏浮云遮望眼，

自缘身在最高层。

自由读古诗，和同桌交流，说说你读懂了什么？你要推荐哪一句诗给你的同学？用横线画出来，说说为什么推荐这句？

《通往广场的路不止一条》教学设计

【教材分析】

《通往广场的路不止一条》是统编版小学语文五年级上册第四单元第14课课文。该单元的教学主题是"生活给我们的启示"。该课紧扣单元主题安排内容。《通往广场的路不止一条》是篇阅读课文，描写了"我"回忆小时候，随父亲登上高塔，看通往广场的街道，父亲告诉"我"，通往广场的路不止一条；接着记述了"我"在人生道路上两次身陷困境、面临挑战的时候，就是父亲从小的教诲使"我"取得成功的事实。通过学习这篇课文，让学生感受到面对困境时，要多动脑筋，想办法解决。只要充满希望和毅力，就一定能够成功。

【学情分析】

五年级学生已经具有了独立学习的能力和独立阅读的能力，他们有一定的词汇量的积累和理解能力，在阅读的过程中能够有自己的见解和感受，并且能够主动发现问题、提出问题，还能够通过合作学习解决问题。所以在教学本课时，放手让学生自读自悟、读中感悟是最好的方法。但是，由于学生的年龄特点和社会阅历经验有限，在学习的过程中仍需要教师做好导学、导思、导练的引导工作。

【教学目标】

（1）知识目标：认识4个生字，理解文中词语的意思，积累好词佳句。

（2）能力目标：能正确、流利、有感情地朗读课文。

（3）情感、态度价值观目标：领悟"通往广场的路不止一条"的深刻含义。从中感悟作者的人生态度，树立积极奋进的生活态度。

【教学重难点】

引导学生理解"通往广场的路不止一条"这句话在生活中的含义。说说自己以后对困难挫折应该如何去面对。

【教学方法】

先学后教、当堂训练——读、思、议、练。

【教学准备】

课件。

【课时安排】

1课时。

【教学过程】

（一）谈话导入，板题示标

（1）谈话导入。同学们，生活中有许多感悟，要靠细心的人去体验。当我们向理想目标前进时，总会遇到一定的困难和挫折，应该以怎样的心态去面对人生呢？今天我们就一同学习第14课《通往广场的路不止一条》，在学习这篇有哲理的文章中去寻找答案吧！

设计意图：谈话导入，激发学生学习兴趣。

（2）请同学们和我一起板书课题。

请同学们齐读课题。

设计意图：师生一起板书课题，齐读课题，加深学生对课题的印象和学习的兴趣。

来看咱们这节课的学习目标（屏幕出示）。

1. 认识4个生字，理解文中词语的意思，积累好词佳句。

2. 正确、流利、有感情地朗读课文。

3. 领悟"通往广场的路不止一条"的深刻含义，从中感悟作者的人生态度，树立积极奋进的生活态度。

（3）师指名朗读学习目标。

设计意图：明确学习目标，使学生的本节课学习有的放矢。

明确了学习目标，请同学们根据老师给出的自学提示，来学习课文吧！

（二）自学提示，自主学习

1. **屏幕出示自学提示1**

1. 有感情地读课文，借助拼音或者字典读准字音。

2. 画出不理解的词语，用查词典或联系上下文的方法自主理解。

设计意图：自学提示，引导学生学习。

2. **生自主学习，汇报交流（课件出示）**

1. 指名认读生字。纠正字音。

2. 理解词语并用词语说一句话。

星罗棋布：像天上的群星和棋盘上的棋子那样罗列分布。形容数量众多，散布的范围很广泛。

大喜过望：望，希望。所得超过了原来的期望，因而特别高兴。

心灵手巧：心思灵敏，手艺精巧。

络绎不绝：络绎，往来不断，前后相继。形容过往的人或车辆接连不断。

设计意图：学生自主学习，汇报交流，不仅锻炼了自学能力，还训练了学生的理解能力、逻辑思维能力及语言表达能力。

（三）再读课文，厘清脉络

（1）同学们刚才学习得很认真，请同学们看自学提示2（课件出示）：

① 听读课文，思考课文主要写了什么事？

② 按不同内容给课文分段，并概况段意。

设计意图：学生自读课文自学课文后再听读课文，有对比，加深对课文内容的理解。

学生按照提示认真听读课文。

（2）指名汇报，其他学生可补充。

① 课文先回忆了小时候，"我"随父亲登上高塔，看通往广场的街道，父亲告诉"我"，通往广场的路不止一条。接着记述了"我"在人生道路上两次身陷困境，面临挑战的时候，就是父亲从小的教诲使"我"取得成功的事实。

② 分部分阅读。

第一部分：（第1、2、3自然段）小时候父亲带"我"去罗马教堂的塔顶，看到的情景和父亲对"我"的教导。

第二部分：（第4—11自然段）"我"在父亲教诲的影响下走出了一条从编织毛衣入手，自己设计、制作和出售时装的新路。

第三部分：（第12、13自然段）写"我"又一次另谋出路的经过。

第四部分：（第14自然段）首尾呼应，写父亲对"我"的教导，让"我"终身受益。

（四）精读感悟，畅所欲言

教师出示自学提示3：

联系上下文和生活实际，说说"通往广场的路不止一条"的含义。

（条条道路通罗马，另一条路也许不那么直接，但几经周折，还是能够到达你想要去的地方，而且还完全有可能找到比原先更快地到达目的地的捷径。要是因为一条路不通，你不再去走第二条，那么你就永远到达不了目的地。人就是在"此路不通，走彼路；彼路不通，再走另一彼路"的不断探索中逐步接近目标，走向成功的。）

联系实际生活，想想通往学校的路是不是只有一条？试讨论有什么收获？

设计意图：自学提示3的设计，突出重点，解决难点，让学生充分自学、自读、自悟，并且说出自己独特的阅读见解，体现新课标中对小学高年级学生阅读教学的要求。

1. 交流自读疑难

师：读了课文，你们有什么不理解的地方需要提出来一起研究的吗？

生汇报，师引导学生评价所提出的问题。（预设问题）

2. 交流体会

"通往广场的路不止一条。生活也是这样。"这是父亲带女儿登上教堂塔顶后对女儿说的话。前一句，是父亲设法让女儿看到的事实——条条道路通罗马；后一句是父亲道出了他之所以要把女儿带上高高的塔顶，俯瞰全城的真正用意。

（五）拓展总结、当堂训练

（1）同学们说得真好！这节课我们联系上下文，联系生活实际理解了"通往广场的路不止一条"这句含义深刻的话，给我们的人生上了很好的一课，相信同学们将感悟终身。成功是一种态度，只要带着希望出发，成功就会离你越来越近。顽强的意志可以帮助人克服许多困难，当再一次冲破艰难险阻、经历了苦难后，通往广场的路就会又多了一条。

设计意图：总结全文，点明中心。用言简意赅的语言总结本节课。让学生加深对重难点的理解和掌握。

（2）出示当堂训练作业。

设计意图：当堂训练作业的设计，紧扣本节课的教学目标，突出重难点，检查学生的自学情况。

姓名：　　　　　　等次：

一、给加点的字选择正确的读音，在下面画√。

宴会（yàn yiàn）　　黛色（dài dāi）　　缝纫（rèn rùn）

挑选（tiāo tiǎo）　　络绎不绝（yì zé）　　素净（sù shù）

二、根据意思，写出词语。

1.形容数量众多，散布的范围很广泛。（   ）

2.所得超过了原来的期望，因而特别高兴。（   ）

3.心思灵敏，手艺精巧。（   ）

4.形容过往的人或车辆接连不断。（   ）

三、学习了课文，你是怎样理解"通往广场的路不止一条"的？对你今后的学习和生活有什么启发？用几句话写写你的感受吧！

【板书设计】

14.通往广场的路不止一条

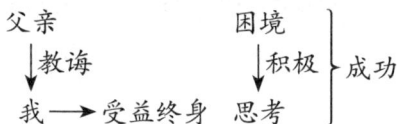

【教学反思】

本节教学设计，是我参加县骨干教师选拔赛课时所设计的教案，由于陵水黎族自治县中山小学的学生素质较高，所以我这节课让学生先学后教、当堂训练上得还算成功。从导入课题到作业训练，学生一直兴趣盎然，特别是分组自学、合作学习的时候，很投入，回答问题很积极，并且紧扣教材，学生的逻辑思维能力和语言表达能力确实值得表扬。让我印象深刻的是在处理第四个环节精读感悟、畅所欲言的时候，一大半的学生都争着说自己的感想和体会，并且还联系生活实际，回答得都很精彩。一节课很快就过去了，下课的时候还有很多学生拿着作业训练让我批改，按理说外校的老师上完课就可以离开了，我本想让班长帮忙批改，但是看着孩子们一张张兴奋、渴望的脸庞，我就坚持批改完才离开陵水黎族自治县中山小学。所幸的是这节课也得到了县教研室老师们的好评。

当然，现在想想，这节课的设计也有不足，如果在最后一个环节拓展总结的时候，让学生自己总结会更好。

《威尼斯的小艇》第二课时教学设计

【学习目标】

（1）能有感情地朗读课文，理解课文内容。

（2）了解威尼斯独特的风格、小艇的特点及它同威尼斯的关系。

【教具准备】

多媒体课件。

【教学重点难点】

有感情地朗读课文，理解课文内容。了解小艇的特点和它在威尼斯水城中的作用。

【学习过程】

（一）板题

师：这节课我们继续来学习第26课《威尼斯的小艇》。请看学习目标。

多媒体出示学习目标：

1.能有感情地朗读课文，理解课文内容。

2.了解威尼斯独特的风格、小艇的特点及它同威尼斯的关系。

（二）第一次"先学后教"（再读课文，理解文意）

（1）师：下面我们就根据老师出示的自学指导去完成学习目标。

出示自学指导1。

请同学们自由朗读课文，想一想，假如你坐在小艇上游览威尼斯，会有怎样的感受？3分钟后，我们来比一比，谁说得好！

（2）生自读、学。师巡视，了解学情。

（3）检测自学情况。

师：接下来，我们来回答问题，比一比谁说得最好。

指名后进行回答，如回答不完整可指名其他学生帮助；若还不完整，师补充。

坐在小艇上游览威尼斯心情很好，小艇的速度很快，船夫驾艇技术很高，人们利用小艇做各自的事情。根据这些去谈感受。

（三）第二次"先学后教"（细读课文，理解内容）

（1）出示自学指导2。

请同学们默读课文，说一说威尼斯小艇有哪些特点？小艇和威尼斯人的生活有什么关系？4分钟后，比谁回答得好！

（2）生自由学，师巡视。

（3）指名说。

威尼斯的小艇有二三十英尺长，又窄又深，有点儿像独木舟。船头和船艄向上翘起，像挂在天边的新月，行动轻快灵活，仿佛田沟里的水蛇。

小艇特点：样子像独木船，长、窄、深，行动轻巧、灵活，像水蛇。可引导学生在分析完之后，读出感情来。

小艇和威尼斯人的生活关系很密切。白天，小艇一出动，城市就喧闹，充满活力；夜晚，小艇一停，威尼斯就沉寂。小艇与威尼斯人的关系重点在第5自然段，与商人、妇女、孩子、老人等的关系，可一一说出。

师：同学们说得真好，下面我们就来比一比谁读得最好。

（4）品读。略。

（四）师总结

师：威尼斯独特的风光给人以美的享受。下面我们再一次去欣赏威尼斯这座美丽的古老的水上城市及威尼斯的小艇给我们留下的深深的印象。

生齐读课文。

（五）小练笔

抄写自己喜欢的部分。

【板书设计】

26. 威尼斯的小艇

小艇：轻巧灵活

船夫：技术高

与人们关系密切

附：当堂训练作业

姓名：　　　　　　　学习效果：

根据课文内容完成练习。

（1）作者将威尼斯小艇比作挂在天边的新月，是因为＿＿＿＿＿＿＿＿。

（2）又比作田沟里的水蛇，是因为＿＿＿＿＿＿＿＿＿＿＿＿。

（3）文中用了哪些例子说明"船夫的驾驶技术特别好"？

＿＿＿＿＿＿＿＿＿＿＿＿＿＿＿＿＿＿＿＿＿＿＿＿＿＿＿＿

（4）说说小艇在威尼斯人的日常生活中有哪些作用？

＿＿＿＿＿＿＿＿＿＿＿＿＿＿＿＿＿＿＿＿＿＿＿＿＿＿＿＿

《杨氏之子》第一课时教学设计

【教学目标】

（1）正确流利地朗读课文，读好并理解每个句子的意思。

（2）认识2个生字，会写3个生字，背诵课文。

（3）理解课文，体会杨氏之子的机智聪慧和他回答问题的巧妙之处。

【教学过程】

（一）出示目标，明确任务

（1）板书课题，生齐读课题。

（2）出示课题"杨氏之子"，你们能说说题目的意思吗？

"之"是助词，相当于"的"。

"杨氏之子"的意思就是姓杨的人家的儿子。

（3）了解作者刘义庆和作品《世说新语》。

（4）课件出示学习目标，生齐读。

① 正确流利地朗读课文，读好并理解每个句子的意思。

② 认识2个生字，会写3个生字，背诵课文。

（二）读通课文

（1）大声地朗读课文，读通顺流利。

（2）你问我答：说说你不懂或者不认识的字。根据学生的提问随机指名学生进行教学。

①学习生字"惠、曰、禽"，认读多音字"为（wèi）""应（yìng）"。

②学写生字"梁、诣、禽"。

（3）当堂检测：听写生字"梁、诣、禽"。

（三）读懂课文，理解意思，背诵课文

（1）课件出示，根据意思划分节奏，有节奏地大声反复朗读课文，把课文读正确流畅。随机检测学生读课文的情况。

（2）边默读课文，边看注释，想想每一个句子的意思。教师要注意指导有困难的学生，了解学生的困难所在。

（3）课堂交流，说说每一句话的意思。

出示比较困难的句子，教师重点指导。

"为设果，果有杨梅。"省略了主语，理解时前面要加上"小孩"。

"未闻孔雀是夫子家禽。"难点是对"夫子"的理解。

说说课文的意思：梁国有一户姓杨的人，家中的小孩九岁了。孔君平去看望小孩的父亲，父亲不在家，就把孩子叫了出来。小孩摆出水果招待客人。水果中有杨梅。孔君平指着杨梅对小孩说："这是你们家种的水果吧。"小孩应声回答："我没听说孔雀是您的家禽呀。"

（四）读熟课文

（1）再读课文，试背诵课文。

（2）试背诵课文，只给题目。

（五）当堂训练，知识拓展

（1）写：填空，同桌互改，教师抽改。书写姿势正确一星，书写准确规范三星，整洁美观一星。

（2）背：背诵课文。背诵有节奏、准确且流畅五星。

（3）讲：把课文背诵给家人听，并讲讲这个小故事。

（4）思考：杨氏之子"甚聪慧"表现在哪里？我们下节课再来一起学习。

附：《杨氏之子》第一课时作业单

姓名：　　　　　　　　综合评价（星级）：☆☆☆☆☆

一、基础知识

（一）我会写（书写正确☆☆☆、规范☆、整洁☆）

（　　）国杨氏子九岁，甚聪慧。孔君平（　　）其父，父不在，乃呼儿出。为设果，果有杨梅。孔指以示儿曰："此是君家果。"儿应声答曰："未闻孔雀是夫子家（　　）。"

（二）我会背（背诵正确☆☆☆、流畅☆、有节奏☆）

我的背诵（星级）。

二、课外拓展

（一）书面作业：我会写

填同步练习《杨氏之子》第一、二、三题。

（二）实践作业：我会讲（选做题）

把《杨氏之子》创编成小故事讲给家人听。

（三）思考（必做题）

杨氏之子"甚聪慧"表现在哪里？

《月光曲》第一课时教学设计

本课是统编版小学语文六年级上册第八单元第26课课文。

【教材解读】

《月光曲》是统编版六年级上册第八单元的第二篇课文。本组以感受"艺术的魅力"为主题，欣赏各种艺术的美，学习展开联想和想象进行表达感受的方法为读写点编排了四篇课文。《月光曲》讲述了200多年前德国著名音乐家贝多芬因同情穷兄妹俩而为他们弹琴并即兴创作了传世名曲《月光曲》。课文告诉我们美好乐曲的产生不仅要依靠丰富的想象力，更要依靠高尚而真挚的情感。这篇课文从音乐欣赏的角度培养了学生的审美能力，读罢课文，我们也仿佛沉浸在美妙的《月光曲》之中。

本文用词精妙、文质兼美、想象丰富、感人至深。作者以生动传神的文字，借助皮鞋匠联想的三个画面——海上升明月、彩云追月、风起浪涌——将贝多芬弹奏《月光曲》的内容、意境和情感表达得淋漓尽致，引起读者的共鸣。

课文以总—分的结构重点叙述了贝多芬创作《月光曲》的经过。在写法上，充分运用语言描写烘托人物的心情。哥哥因为"音乐会的入场券太贵，家里太穷"无法使妹妹的愿望得到满足而感到遗憾、内疚，妹妹把自己的梦想称作"随便说说"，于凄楚中饱含了善解人意和对哥哥的体贴。正是这种手足之情，让贝多芬深深感动，走进茅屋，弹起了盲姑娘刚才弹的那首曲子，运用联想和想象衬托《月光曲》的美妙。因为盲姑娘爱音乐、懂音乐、喜欢贝多芬的音乐，她才能从琴声中听出是贝多芬本人在弹奏钢琴，而贝多芬被盲姑娘这种爱音乐、懂音乐、喜欢自己的音乐的感情深深地打动了。此情此景，他借着清幽的月光，又弹了一首曲子——传世名曲《月光曲》诞生了。

这个美丽的传说故事，让我们深深感受到穷兄妹对生活的热爱、对音乐的热爱，也感受到贝多芬对劳苦大众的同情，他曾经说过："我的音乐只应当为穷苦人造福，如果我做到了这一点，该是多么幸福。"

【学情分析】

六年级学生已经具有了一定的阅读理解能力、语言表达能力和自主学习能力，在阅读文章时，能说出自己阅读的感受，审美能力和逻辑思维能力也在阅读和表达中得到了发展。他们学习兴趣广泛，求知欲和好奇心增强，年龄处于儿童向少年的跨度阶段，心态和自主性不稳定，社会阅历浅，逻辑思维能力和整体感知能力的提升在教学中仍需要老师的指引。

【教学目标】

（1）学会本课8个生字，正确读写"幽静""蜡烛""纯熟""清幽""陌生""琴键""记录""莱茵河""霎时间""微波粼粼"等词语，理解词语"传说"。

（2）正确流利地朗读课文，读准字音，学习"啊"的变音。

（3）借助记叙文六要素的方法概括课文主要内容。

（4）用结构层次图厘清文章的写作顺序。

【教学重难点】

（1）借助记叙文六要素的方法概括课文主要内容。

（2）用结构层次图厘清文章的写作顺序。

【教学准备】

钢琴曲《月光曲》、课件。

【教学过程】

（一）乐曲导入

（1）播放乐曲：课前播放《月光曲》。

（2）作者简介：同学们，刚才我们欣赏的曲子就是德国著名音乐家贝多芬创作的世界名曲——《月光曲》。（课件出示贝多芬的图片资料，教师诵读）这就是贝多芬。关于这首曲子还有一个美丽动人的传说，这节课我们就一起来学习这个故事。

（3）板书课题：26. 月光曲。

设计意图：课前播放音乐，创设情境，让学生感受《月光曲》的魅力，受到音乐美的熏陶，激发学生深入学习课文的兴趣。

（二）读对课文

（1）初读课文：打开课本第139页，自由轻声地朗读课文。要求读准字音，读通课文，难读的地方多读几遍。

生根据朗读要求阅读课文，师巡回指导，巡视学情。

设计意图：给学生自主阅读的时间，让学生自由读，在自读自悟中理解语言文字，感受《月光曲》的美妙。

（2）认读词语：幽静、蜡烛、陌生、恬静、记录、琴键、纯熟、霎时间、盲姑娘、莱茵河、微波粼粼、入场券、波涛汹涌，指名认读这些词语。其他生注意倾听。（预设学生全读对则点出霎时间、纯熟、入场券三个词让学生齐读）全班齐读词语。

（认读字词当堂检查学生随文识字的效果，全班齐读增加学生对易读错字的印象）

（3）指导书写：屏幕点开"粼"字，师指导："粼"是米字部，米在这里作为部首最后一笔要变成捺，夕阳的夕右边不是牛字，先横后竖折，右半边是撇、长点。请同学们在课本上写一写。师巡视学情。

设计意图：指导书写，训练学生的动手能力，加深对难写字的掌握。

（4）读对句子：

① 课件出示：这首曲子多难弹啊！指名读。

师讲解："啊"字有四种读音，这些是它的本音。但是"啊"字有的时候读音会发生变化，不读这些本音了，这就是"啊"的音变现象。请看"啊"的音变规则。

② 课件出示"啊"的音变规则，指导生读。出示例句1：这首曲子多难弹啊！点出"啊"的读音，指导生读。

小结：请同学们根据这些规则，从课文第3和第6自然段中找出这几个句子，标出"啊"的音变，然后自己先试读一遍。

③ 例句2：是啊……指名读，纠错。

④ 例句3：那有多好啊！指名读，互评。

⑤ 例句4：弹得多纯熟啊！指名读，互评。

设计意图：给出学习新知识"啊"的音变规则，让学生自己动手写出"啊"字的读音，培养了学生举一反三、学以致用的能力。指名读、齐读锻炼了学生的诵读能力。

（三）读好课文

1. 指名朗读

（1）例句1：一个姑娘说："这首曲子多难弹啊！我只听别人弹过几遍，总是记不住该怎样弹。要是能听一听贝多芬自己是怎样弹的，那有多好啊！"指名读。

一个男的说："是啊，可是音乐会的入场券太贵了，咱们又太穷。"指名读。

（2）例句2：她激动地说："弹得多纯熟啊！感情多深哪！您，您就是贝多芬先生吧？"指名读，其他同学要认真听他读得是否准确流利？

2.抽读课文

这么难读的带有"啊"字的句子你们都能读好，那课文你们读得怎么样呢？抽读第2自然段、第8自然段。

设计意图：围绕教学目标2，运用多种读的方式，让学生在读课文中学到新知识，培养了学生的语感。

（四）读懂课文

1.概括课文

请大家默读课文，边读边思考课文主要写了一件什么事，谁能抓住关键词语试着用一句话概括？指名让学生说一说。

师引导：抓住时间、地点、人物，事情的起因、经过、结果要素来概括课文内容的方法就是记叙文的六要素法。以后在阅读叙事文章的时候就可以用记叙文六要素法快而准确地抓住课文主要内容。

2.厘清层次

（1）指名说，文章的结构有哪几种？引导学生说出文章的结构包括：先整体后部分再整体（总—分—总）、先概括后具体（总—分）、先具体后总结（分—总）。《月光曲》这个故事属于哪一种结构呢？师板书：总写—分写。

（2）思考：哪段是总写？第1自然段总写了什么？请同学们齐读这段，说一说这一段的内容。生齐读，指名说一说。可以用这段中的一个关键词来概括内容为：传说。

师板书：总写：（1）传说。

3.理解词语

引导学生理解：传说，群众口头上流传的关于某人某事的叙述或者某种说法，有可能是真的也有可能不是真的。用传说引出了下文第2—10自然段，也就是分写贝多芬谱写《月光曲》的过程。

4.厘清顺序

思考第2—10自然段是按什么顺序写的？

预设：事情发展的顺序。可概括为弹琴前—弹琴时—弹琴后，请同学们快速浏览课文第2—10自然段，根据板书指导学生画文章示意图，指名说一说。

小结：作者就是以这样的顺序来写这篇课文的，这就是文章的结构图，读课文要学会用画结构图的方法来读懂课文，列出写作提纲。

设计意图：读懂课文，让学生边读边思考，教师及时引导，既有语文知识的复习，也有新的学习方法的拓展，让学生画结构图，更易于学生理解掌握课文的层次结构。

（五）拓展延伸

设置悬念：是什么打动了贝多芬激发了他的灵感，让他创作出举世闻名的《月光曲》呢？让我们下节课再走进贝多芬的内心，去感悟他那高尚而真挚的音乐情怀。

设计意图：为下节课埋下伏笔，激发学生深入学习课文的兴趣。

【板书设计】

26. 月光曲

总写：（1）传说 起因：（2—3）听 { 琴声 / 谈话

分写：（2—10）过程 经过：（4—9）弹 { 他的曲子 / 《月光曲》

结果：（10）记 《月光曲》

《月光曲》第二课时教学设计

【教学目标】

（1）了解贝多芬创作《月光曲》的经过，体会音乐的魅力，感受贝多芬博大高尚的情怀。

（2）有感情地诵读第9自然段，分辨哪些是实在的事物，哪些是由事物引起的联想，体会两者结合的妙处。

【教学重难点】

重点：了解贝多芬是怎样创作《月光曲》的，以及他在创作过程中思想感情的变化。

难点：贝多芬感情变化的原因。

【教具准备】

课件。

【教学过程】

课前谈话：同学们，准备好你们的学习用具，开始上课。

（一）明确目标

1. 谈话导入

这节课我们接着学习《月光曲》这篇课文。究竟是什么感动了贝多芬，激发了他的音乐灵感，创作出世界名曲《月光曲》呢？让我们走进贝多芬的内心，感受他的高尚而真挚的音乐情怀。

2. 齐读目标

生齐读本节课的学习目标。

（1）了解贝多芬创作《月光曲》的经过，体会音乐的魅力，感受贝多芬博大高尚的情怀。

（2）有感情地诵读第9自然段，分辨哪些是实在的事物，哪些是由事物引起的联想，体会两者结合的妙处。

（二）读懂课文

1. 自学提示

快速默读课文第2—9自然段，边读边思考：贝多芬为什么要弹琴给盲姑娘兄妹听呢？为什么弹完一曲，又弹一曲？

2. 默读课文

生根据自学提示默读课文，师巡视学情。

3. 合作探究

同桌讨论贝多芬为什么要弹琴给盲姑娘兄妹听呢？为什么弹完一曲，又弹一曲？

4. 汇报交流

说一说贝多芬为什么要弹琴给盲姑娘听？他是怎么知道盲姑娘家里穷的？从茅屋里的谈话中贝多芬还知道了什么？生自由回答，师适机引导。

5. 朗读对话

分角色朗读对话。

生1扮演贝多芬，生2扮演盲姑娘，生3扮演皮鞋匠，师读旁白。

6. 课堂练习

这几句话该用怎样的语气读？出示练习：选一选，读一读，说一说。

A. 体谅、劝慰　　B. 渴望、迫切　　C. 难过、内疚

（1）一个姑娘说："这首曲子多难弹啊！我只听别人弹过几遍，总是

记不住该怎样弹。要是能听一听贝多芬自己是怎样弹的，那有多好啊！"
（　　）

（2）一个男的说："是啊，可是音乐会的入场券太贵了，咱们又太穷。"（　　）

（3）一个姑娘说："哥哥，你别难过，我不过随便说说罢了。"
（　　）

7. 展示交流

用你选择的语气读一读，并说一说你为什么这样选择？

小结：贝多芬就是从以上对话中听出了盲姑娘不仅热爱音乐，而且非常懂事。皮鞋匠的难过和内疚、盲姑娘的体谅和对哥哥的劝慰，兄妹情深让贝多芬深深感动了。要想读懂人物的内心情感，就必须抓住人物的语言反复揣摩、体会，才能读出言外之意。

设计意图：读懂课文，要深入文本，抓住人物的语言，反复朗读，体会文章的内涵；设置问题，让学生逐层深入探究学习，逐步走进贝多芬的内心，多读，自读自悟，读中感悟；小练习的设计让学生更深刻地感受到皮鞋匠兄妹的手足情深。

8. 深入读文

（1）贝多芬因为同情于皮鞋匠兄妹俩没有钱去听自己的音乐会，感动于兄妹俩的手足情深，所以就弹起了盲姑娘刚才弹不好的曲子。一曲弹完，盲姑娘是什么反应？

生回答，师出示句子。她激动地说："弹得多纯熟啊！感情多深啊！您，您就是贝多芬先生吧？"设疑：这句话要读出什么语气？多纯熟是说什么？多深是说什么？两个"您"字的读法一样吗？说说你的看法，再读一读句子。

生自由谈看法，读句子。

（2）贝多芬听了盲姑娘的话，心里会怎样想？他是用什么来回答盲姑娘的问话的？

小结：宁静的夜晚，月光如水，盲姑娘兄妹的手足情深，此情此景，贝多芬灵感迸发，这时候，一阵风把蜡烛吹灭了，借着清幽的月光，贝多芬按起了琴键。伴着贝多芬的琴声，兄妹俩仿佛看到了什么？听到了什么？

设计意图：让学生边读边思考、边读边讨论、边读边感悟贝多芬当时创作《月光曲》的背景，感悟贝多芬的创作情怀来自对皮鞋匠兄妹的同情，来自他的高尚的人格美。

（三）读活课文

1. 感情诵读

（出示第9自然段）这段的内容就是描写的皮鞋匠听着贝多芬弹奏《月光曲》所联想到的内容，这一段不仅文字写得美，它所表达的意境更美，请用你们喜欢的方式再读一遍，更深入地感受《月光曲》的美妙。

生自由读第9自然段。

2. 体会写法

（1）出示句子：皮鞋匠静静地听着。皮鞋匠看看妹妹，月光正照在她那恬静的脸上，照着她睁得大大的眼睛。提问：第9自然段只保留这几句，可以不可以？为什么？生自由回答。

小结：如果只是这些写实的句子，就显得文章的内容很少，表达的感情也很平淡。体会不到音乐的美妙，体会不到贝多芬惊人的音乐天赋，也体会不到兄妹俩和贝多芬的心灵相通。

（2）出示第9自然段全文：把写实和联想结合在一起，就显得内容丰富、充实，表达得更准确，感情更深刻。在写作文的时候，要注意运用联想和想象，把文章写得更加生动充实。老师准备了美妙的音乐片段和一组图片，请你把耳朵叫醒，仔细听，认真观察，用第9自然段的语言来描绘这些内容，体会贝多芬的感情变化和乐曲的变化。

设计意图：比较阅读，让学生体会写实和联想二者结合的作用，在阅读文章时注意分辨事物和联想，就能按照作者的思路，厘清文章的思想内容。文章的内容会更充实，表达的感情更深刻。

3. 美文解析

（1）（配乐）出示海上升明月图。生回答：他好像面对着大海，月亮正从水天相接的地方升起来。微波粼粼的海面上，霎时间洒满了银光。

师：这是《月光曲》的开始部分，从皮鞋匠的联想中，可以看到海面是怎样的？乐曲的曲调又是怎样的？请分别用一个词来概括。

板书：海面　　　　　　　　乐曲

　　　微波粼粼　　　　　　舒缓（慢）

（2）（配乐）出示彩云追月图。生回答：月亮越升越高，穿过一缕一缕轻纱似的微云。

师：这句的曲调有了变化，逐渐加强。请同学们想象海面是怎样的情形？

板书：波澜起伏加强

（3）（配乐）出示风起浪涌图。生回答：忽然，海面上刮起了大风，卷起了巨浪。被月光照得雪亮的浪花，一个连一个朝着岸边涌过来……

思考：当贝多芬弹奏到这里时，海面有什么变化？乐曲的曲调有什么变化？指名回答。

板书：风起浪涌（波涛汹涌）高昂激越

（4）女生齐读：皮鞋匠看看妹妹……大海。

思考：课文写了大海和乐曲的变化，那贝多芬的感情变化是怎么表达出来的呢？生自由回答（借皮鞋匠联想到的大海的变化来表达的）。

小结："曲"由心生，有什么样的心情就能弹奏出什么样的曲子。请同学们闭上眼睛，用心灵去倾听，感受这种情感的变化。

4. 配乐诵读

完整播放乐曲《月光曲》，读一读背一背第9自然段。

小结：兄妹俩陶醉在美妙的琴声中。等他们苏醒过来，贝多芬早已离开了茅屋。他飞奔回客店，花了一夜的工夫，把刚才弹的曲子——《月光曲》记录了下来。这就是贝多芬创作《月光曲》的传说。

设计意图：配乐读让学生切身体会音乐的旋律，感受艺术的无限魅力。

（四）读厚课文

1. 推荐阅读

故事读完了，关于这个传说故事，你还有什么想知道的吗？生回答，师引导：这些疑问留在下课以后，同学们自己去查资料解决，要养成收集资料解决问题的好习惯。课余时间找一找关于贝多芬的资料读一读。

2. 仿写练习

完成小练笔：听一段乐曲，请展开丰富的联想，用150字左右写下你的感受。

设计意图：推荐阅读，拓宽学生的阅读视野；仿写练习的设计，让学生学以致用，写出自己的独特感受。

【板书设计】

26. 月光曲

海面变化	乐曲曲调	情感变化
水天相接	舒缓清幽	平静
微波粼粼	逐渐加强	感动
风起浪涌	高昂激越	激动

《月光曲》说课稿

各位领导、专家、老师们，下午好！

　　首先感谢关校长给我这次锻炼和学习的机会，感谢我们工作室的成员为我磨课所付出的辛苦，感谢海南儋州东坡小学的学生很配合地上完了这节课。

　　我上的是统编版六年级上册第八单元的第26课《月光曲》的第一课时。根据课程标准，确定了4个目标：1. 学会8个生字，正确读写词语，理解"纯熟"的意思。2. 正确流利地朗读课文，读准字音，学习"啊"的变音。3. 借助记叙文六要素的方法概括课文的主要内容。4. 用结构层图理解文章的表达顺序。

　　这四个目标分别从知识与能力、过程与方法两个维度对学生进行了锻炼。根据教学目标和学生理解接受知识的能力，我将本节课的教学重难点放在"借助记叙文六要素的方法概括课文的主要内容"和"用结构层图理解文章的表达顺序"上。为了完成教学目标，解决重难点，除了开头的乐曲导入和结尾的总结拓展，我的教学环节主要围绕三个"读"来设计。一是读对课文，主要让学生初读课文，读准字音，读通课文，完成教学目标1。二是读好课文，首先抓住文章的重点句段，运用多种读的方式指导学生读好课文，把文章读得正确流利。接着学习"啊"的变音，给出方法，让学生自己去找出"啊"的变音读法，再次运用多种读的方式强调，加深学生的印象，这样就更容易让学生掌握"啊"的变音规则，最后理解词语纯熟，完成了教学目标2。三是读懂课文，这也是本节课的重难点，这个环节，不仅复习了文章的结构、写作顺序等知识，还让学生举一反三，活学活用，完成了教学目标3和4，简化解决了本节课的重难点。这节课也有很多遗憾之处。一是对学生的引导不够精准。二是这节课拖堂了。

各位领导、专家、老师们，虽然我可能不是最优秀的老师，但是在关校长的引领下，在我们这个团队的共同进步下，在今后的教学工作中，我会努力做到更好！谢谢大家！

附：《月光曲》第一课时练习题

姓名：　　　　　　　　学习效果：

一、比一比，再组成词语。

茵（　　　）　　券（　　　）　　腊（　　　）　　缕（　　　）

菌（　　　）　　卷（　　　）　　蜡（　　　）　　屡（　　　）

恬（　　　）　　盲（　　　）　　瞎（　　　）　　键（　　　）

括（　　　）　　育（　　　）　　割（　　　）　　健（　　　）

二、根据课文内容填空。

1. 皮鞋匠静静地听着，他好像面对着大海，月亮正从（　　　）的地方升起来。（　　　）的海面上，霎时间洒满了银光。

2. 月光正照在她那（　　　）的脸上，照着她睁得大大的眼睛，她（　　　）也看到了，看到了她从来没有看到过的景象，在月光照耀下的（　　　）的大海。

3

反思感悟

第三篇

《跳水》教学反思

    《跳水》第二课时上得不够成功，个人反思主要有以下两点：一是没有理解工作室的大概念思路；二是课堂流程及板书没有凸显大概念的核心。从接到任务之后就开始准备，也进行了三磨，效果却不理想。最主要的是我没有领悟工作室的精神：在原有课件的基础上，根据学情适当地调整，这是工作室的原意。而我理解成了参考原来的课件，结合学情设计新的课件。但是大概念的核心不能变，课堂的流程不能变。

    基于以上思想，于是经过三磨就有了我今天的这个课件。

一、课堂反思

    先自我反思这节课。今天这堂课我的思路是直面孩子的危机，在关键时刻，关键人物船长出现，然后让孩子们关注船长的言行，推测船长的思维过程，完成思维导图，验证船长的思维过程，联系上下文感受船长的品质。

在迁移运用的环节，想给这堂课增添些活力，就设计了孩子追猴子遇险，船长用枪逼孩子跳水脱险这个情景剧环节。主要是通过配乐表演创设一种大情境，让孩子如身临其境，通过自己的所学所思所悟加深对本节课的内容理解、对人物思维品质的理解等。通过同学们的表演，可以看出船长这个人物同学们是确实领悟到了，但是孩子的那种胆战心惊、危急时刻两腿颤抖的情形学生还没有领悟，表演得不够生动形象。

为进一步拓展学生对船长思维的过程理解，课后作业设计了完成《鲨鱼》阅读训练这个环节。让同学们课下进一步训练，巩固这种遇到问题要沉着冷静，先仔细分析，结合具体情况，选择最佳的解决办法的思维方式。

这节课思路看似清晰，但是由于缺乏对大概念的理解，导致在课堂中只关注于让学生探究船长的思维，体会船长的人格魅力。这一节课我还擅自增加了一个验证船长思维的环节和延伸表演情景剧的环节。这两个环节与原来的大单元设计课件不一致。

（一）关于教学设计

我用的教学设计模板是大单元教学评一致性模板。这与工作室其他老师的教学设计不太一样。另外，在任务之下，不再设置小的子任务，而我设置了几个小的活动，这与大概念教学的流程是不相符的。

还有一点是我的教学用语不够精准，显得有些啰唆。

（二）关于磨课

这堂课总共磨了三次。第一次是我和何学丽联系年级长安排的五（3）班的学生。当天下午用两节课的时间进行了一磨。在一磨的过程当中，我们俩的课时超时，再加上对课堂环节和流程不熟悉，要看着课件才能够引导学生探究这种思维过程。我和何老师商量确定了第一课时和第二课时的内容。我的一磨课件是21张，学习任务单设计成了一大张A3纸，正反两面都有内容。讲解内容确实太多。于是进行二次设计，精简课件为19张，作业单设计成了A4纸三张。其中有五次评价，听课过程当中和丕珉交流了一下关于课堂评价，五次评价有点多，于是删除为三次评价。

开始进行二磨。确定好之后我们联系了陈漠锶组长给重新安排了一个班级，利用上午的第三、第四节课上。在二磨的过程中，我的课超时了五分钟。于是回来又修改精简课件。把最后的迁移运用环节的课外阅读——鲨鱼探究老炮手的思维过程情景剧表演缩减为三分钟。作业题和设计评价精简为三道题，只对其中最关键的探究船长的思维品质这个环节进行了评价。

三磨是在上课的前一天上午进行的，当时安排的是五（4）班。这次的磨课进行得比较流畅。三磨的时长约35分钟。我又观看了自己的课，重新修改了教案及评价作业单，才有了今天呈现给大家的这堂课。整个的磨课环节我忽略了板书对学生的启发和引导作用。我当时只想到用简笔画的板书能够让同学们加深对故事情节的理解，而忽略了大概念的核心。

如果让我重新设计这堂课，我的板书会在原来的基础上进行调整，关注人物的言行、探究人物思维、加深理解课文。

二、感谢与总结

首先，特别感谢工作室主持人王老师的专业引领，给我们这次送教和展示的机会；感谢学校为我们提供平台；感谢五年级的三个班级，为了我们磨课，有可能会耽误自己班的学习进度，感谢这几个班的科任老师的积极配合，感谢班主任的大力配合，感谢同学们的积极配合。感谢同学们今天在课堂上的精彩表现，你们不仅课堂纪律规范而且思维敏捷，为你们点赞。其次，感谢语文组的老师们在我们上课过程中的帮助。感谢李日慧老师帮我打印彩色猴子图片；感谢余吴斌老师和唐锐老师协助录制这节课……总之感谢大家，在这次公开课过程中，给予我鼓励、帮助和支持！有你们真好。

在以后的教学工作中，我会更加努力钻研教材教法、研究教材、吃透教材，多和优秀的老师沟通交流学习，研究学生，从学生实际出发。设计恰当的学习内容，让所有的孩子一课一得，也会结合这节课的得与失调整自己的教学方法，努力钻研大概念教学，争取让自己的语文专业水平有新的进步。

《童年趣事》教学反思

本节课是统编版五年级下册第二单元《童年趣事》第二课时的作文讲评与修改课，作后讲评课，针对学生的身心特点及自身的语文综合素养，我设计了四个环节：范文引路、互评习作、自评习作、评选佳作。

课前播放音乐《童年》，营造轻松活跃的课堂氛围，在课堂教学中，学生能够在我的引导下及时有效地进行范文点评及修改，打开了作文点评的思路；能够独立完成伙伴的作文评改，并能够对伙伴的习作进行恰当的评价，掌握了评改习作的方法；能够虚心接受伙伴的评价和修改意见，修改自己的习作，有效地完成了习作讲评的教学目标。在课堂上，多数学生能够主动地参与到习作讲评中，积极发言，敢于说出自己独特的见解，学生的语言表达能力得到了锻炼和提高，听、读、写的能力也得到了锻炼。学生是课堂的主人，课堂气氛活跃。

本节课的不足之处就是我的激励性语言不够丰富，对学生的评价有些单一。在今后的教学中，我会多锻炼自己用赞赏的语言表扬学生、鼓励学生，善于发现学生的闪光点，多激励，少批评，同时多看一些优秀教师的课堂实录或者典型课例解析，丰富自己的激励性语言。

在学生互评习作、自评习作的过程中，发现多数学生的评价只停留在片面的词、句、段当中，很少从习作的整体方面去评价，这说明我的引导不够深入，也间接表明学生的逻辑思维能力需要锻炼。在今后的习作讲评教学中，我会注意加强对学生进行这方面的训练。

《自相矛盾》教学反思

　　这节同步课堂上的是《自相矛盾》第二课时，内容主要是运用情境式教学通过我引导学生在表演中体会课文的意思，感悟人物的内心，使学生学会把事情写具体。

　　教学目标有三个。第一个教学目标是正确、流利地朗读课文，背诵课文，这个教学目标其实是复习第一课时的学习内容。在检查学生的朗读和背诵时，主要检查学生是否可以有节奏地朗读，读得流利通顺，背诵课文。班级里80%的同学是会背诵的；有20%的同学在家里面没有认真地自学，背诵的时候效果不好；有三分之一的学生在家的学习自律性是严重需要督促和管理的。第二个教学目标是用自己的话讲一讲《自相矛盾》这个故事。同学们课前预习文言文做得较好，有三位同学能够准确流利地讲出《自相矛盾》这个故事。布置课前预习的目的其实也就是让学生根据注释和工具书以及联系上下文来理解课文的意思，把自己的理解讲给同学们听，锻炼同学们的语言表达能力和逻辑思维能力。第三个教学目标是表演课本剧，这个环节主要是锻炼学生的胆量、勇气以及语言表达能力。学生在表演中开阔思维，转变做法，用语言、动作、神态描写来表现人物的内心。

　　教学第一个任务时，同学们普遍做得较好；第二项任务讲一讲课文内容，同学们也都能够自主地说出自己的见解；第三项学习任务是表演课本剧。这个环节分为两组，第一组是用文言文来表演，第二组是用现代普通话来表演。相比较来说，第一组文言文表演的同学，受到作文内容的限制，语言描写不多，只有卖矛和卖盾的人能够自主地说出故事内容。虽然恰当地运用了语言，但是对于学生思维的开拓性没能展现出来。我又让学生进行了第二组表演，用现代文根据自己对课文内容的理解来创编故事，要注意把事情的过程表演得具体生动，要求用上语言、动作、神态描写，在这一组的表演当中有了对第一组的借鉴，同学普遍表现得比较好。

　　表演者能够根据课文的意思在课堂上大胆、声音洪亮地表达自己的观点，而旁观者也能够积极地响应，积极地表现。第二组现代文课本剧表演可以说是成功的。同学们在这组的表演中语言表达能力、表演能力和逻辑思维能力都得到了充分展现。唯一一点美中不足的是我对于这个教学环节的设计不够连贯。从我会读到我会背，再到我会讲和我会演，运用这四个环节来学习《自相矛盾》时，应由浅入深、化难为易，层层递进。学生逐步得出这则寓言故事所蕴含的道理：不管是说话还是做事都不能互相矛盾，要言行一致、知行合一。到了拓展的环节，我让学生先说自己了解的寓言故事，给同学们讲一讲内容，说一说从故事中获得的道理，接着给同学们出示了三则常见的寓言故事：《望梅止渴》《刻舟求剑》《叶公好龙》。引导同学们了解这几则寓言故事的内容以及其中所蕴含的道理，开阔同学们的视野，丰富同学们的寓言知识。

　　由于备课比较匆忙，我对这节课的流程运用得不够熟练，环节之间的衔接不太自然。如果让我重新上这节课，在引导同学们朗诵这个环节，我会特别注重有感情、有节奏地朗读。另外，在表演课本剧的这个环节，要让同学们全员参与。首先，在文言文表演的时候，由我来朗读旁白，演员就位表演，其他同学认真倾听并积极思考这则寓言故事所蕴含的道理。其次，对于现代文的表演，直接让同学们演成课本剧，其他同学从观看课本剧的角度，来进一步加深对这则寓言故事所蕴含的道理的理解。我是从围绕本单元的语文要素，了解人物的思维过程，加深对课文内容的理解和根据情景编故事，把事情发展变化的过程写具体这个角度来落实的第一个任务；从了解人物的思维品质，用自己的话讲讲这个故事的角度落实第二个语文要素。让学生在讲故事的过程中发展自己的思维，展开想象，锻炼自己的语言表达能力。特别是表演课本剧这个环节，我让学生先展开丰富的想象，把自相矛盾的重要情节表演出来，然后再落实到课后第四题小练笔当中去。

对于作业设置，第一项作业完成语文练习册的第五、第六题，这是针对全班同学来设置的，全班同学基础相当，完成这两道题毫不费力。第二项口头作业，把《自相矛盾》的故事讲给家人听，进一步锻炼了学生的语言表达能力和逻辑思维能力。第三项选做题属于拔高题，是针对班级的优秀生，也就是学有余力的同学来设置的——自编自导课本剧《自相矛盾》，并录制小视频发在班级群。这个作业的设置，还不是太恰当，应该在前面再加上先自己撰写课本剧的脚本，再自编自演。这样既锻炼了学生写的能力，又锻炼了学生的想象力和表达能力，这节课才能够上得更完美。

《幸福比优秀更重要》读书心得

　　本学期我有幸拜读了李镇西老师的《幸福比优秀更重要》这本书，带给我很多感动与思考。这本书通过一个个朴实、真实的故事向我们再现了李老师平凡而又幸福的教育生活。这些故事是教育的故事，更是生命的故事。

　　感悟最深的除了李老师对幸福的理解和对好老师标准的认可外，就是李老师与四川乐山一中未来班的孩子们30多年的师生情谊。李老师说：坚守教育信念不是为了什么优秀，而是自己的快乐。别在意优秀不优秀，要在乎你自己每天是否幸福。因为幸福比优秀更重要。其实对于人的一生来说，幸福真的比优秀更重要。优秀与否是别人的评价，是用别人的眼光看自己，而幸福与否是自己的感觉，是用自己的心灵感受生活。从某种意义上来说，拥有了好心态，便拥有了幸福。一个人的优秀与幸福并不矛盾，二者完全可以和谐统一。但当在某种情况下，通过自己的努力，在向优秀靠近的过程中，也许并没有获得别人所谓的优秀时，我们是不是该考虑到没有什么比一颗自由而幸福的心更重要了？

　　李老师在三十几年如一日的教育工作中，始终保持童心和爱心，在孩子生命逐渐丰盈的过程中、在年轻老师们的成长中感受到幸福。其实在我的周围，也不乏这样永葆童心和爱心、坚守教育信念、默默奉献的老师们，他们的经历同样诠释了幸福比优秀更重要的理念。所以，我们作为老师、作为孩子的家长，在和孩子们当下的生命相联系时，一定要明白，也要让孩子们明白，幸福比优秀更重要。当然，承认幸福比优秀更重要，并不是说为了追求自己的幸福就可以不思进取。我们每一个普通人都有追求幸福的权利，更应保持积极进取、乐观向上的心，追求自己认可的优秀。在追求优秀、追求卓越的过程中，可能由于种种原因，这些优秀我们没有，也不要紧，我们在实践的过程中感受到了快乐，也很幸福啊！李老师自己认可的优秀就是他给自己拟定的好老师标准：课上得好、班带得好、分考得好。他说这样他就有了安身立命之本，因此也就拥有了行动的潇洒和心灵的自由，拥有了幸福。

很荣幸我加入了小学卓越班主任工作室，很荣幸能成为幸福班主任工作室的一员。一句话，幸福就是这么简单：在平凡中选择坚守，简单中感受快乐。

保持童心，做一名幸福的班主任

——读《幸福比优秀更重要》有感

应该说，在一个风清气正的环境里，教师的优秀和幸福并不矛盾，二者完全可以和谐统一。领导正直、同事善良、评价科学、程序公正，幸福的老师怎么可能不优秀呢？于是，由于自己突出的业绩，各种荣誉纷至沓来。这时，我们也不用刻意推辞，完全可以坦然而无愧地接受。因为这是教育给我们的馈赠。只是我们把这份馈赠仅当作意外的收获，因为我们从来就不是冲着这些荣誉而工作的。没有这些荣誉，我们也不会有丝毫的懈怠，因为教育关系着我们自身的幸福。

"优秀"教师是有限的，而且往往和机遇甚至人际关系有关，但幸福的教师有千千万万，而且就在我们身边，甚至就是我们自己。摘录自李镇西——《幸福比优秀更重要》。

一、培训感言

感谢省教培院和工作室的主持人吴校长为我们搭建培训学习的平台；感谢我们今天的主讲专家陈特教，能有幸聆听您的讲座，我受益匪浅！感谢工作室的秘书，用心为我们安排食宿；感谢我们工作室的全体成员，能和你们一起参加培训，是缘分！接下来开始我今天的读书分享。

二、读书分享

上次培训时吴校给每人发了两本书，一本是《教室里的正面管教》；另外一本是《幸福比优秀更重要》。这次就结合自己的工作实践跟大家分享我读《幸福比优秀更重要》这本书的感悟，如有说得不对的地方请大家多多指正！

（一）整书感知

《幸福比优秀更重要》作者是李镇西，由华东师范大学出版社出版发行，2015年8月第1次印刷，2019年4月第9次印刷，从2015年到2019年这四年间印刷了9次，可见这本书是多么畅销，这本书对我们教育人的影响力又是多么大。

（二）作者简介

李镇西，一位深受孩子喜爱也深深爱着孩子的老师。1982年2月参加教育工作以来，先后供职于四川省乐山一中、成都玉林中学、成都石室中学、成都盐道街外语学校和成都武侯实验中学。长期担任班主任和语文教师的工作，曾短暂担任成都市教科所教育发展研究室主任的职务。他在语文素质教育、青春期教育、班级民主管理、后进生转化等方面进行了富有成效的探索实践。他的教育理念是："朴素最美关注人性做真教育，幸福至上享受童心当好老师。"

（三）图书简介

这本书的序言是刘铁芳所写，书的封底是刘铁芳的一段话：李镇西向老师们提出"幸福比优秀更重要"，其中所传递的意蕴就是，一个人不断地追求自我存在的优秀，但任何优秀的实践，都需要不断地回到自我本身，回到自我生命的充实与愉悦，也即回到自我人生的幸福体验。唯其如此，这样的优秀才是建基于自我生命的，因而是真实的而非表演性的，是可以凭借自我生命的幸福体验而持久地坚持的。

我特意上网查了查刘铁芳其人，以下是搜索到的信息：刘铁芳，男，

1969年生，湖南桃江人，1986年中师毕业，1990年考入湖南师范大学，分别于1994年、1999年、2003年获教育学学士、硕士和哲学博士学位，现为湖南师范大学教育科学学院教授，博士生导师，教育科学学院副院长，湖南师范大学"两课"重点学科研究员，全国教育基本理论专业委员会委员，2006—2008年被聘为北京师范大学"985"团队研究员，教育部人文社科重点研究基地南京师范大学道德教育研究所兼职研究员，主要从事教育哲学、道德教育、乡村教育、大学教育研究，入选湖南省人文社会科学"百人工程""121"工程专家，中宣部马克思主义研究和教材建设工程德育原理教材编写专家。这么有名的教育界大腕给《幸福比优秀更重要》写序言，更显出了这本书的教育价值以及作者李镇西先生的优秀。

我们再来看看书的目录，该书由"平和心态""向我看齐""引领成长""校长现场""编织童话"和"师生之间"这6个部分共39个篇章组成。

跟大家分享该书中的经典语录以及我的感悟。

（四）经典语录分享

跟大家分享的第一句经典语录是第一个章节"是否还保持着最初的童心？"第4页，苏联教育家阿莫纳什维利说："谁爱儿童的叽叽喳喳声，谁就愿意从事教育工作，而谁爱儿童的叽叽喳喳声已经爱得入迷，谁就能获得自己职业的幸福！"是的，对于我们小学老师特别是小学班主任来说，关爱孩子，热爱教育工作，不管我们多大年龄，都要保持一颗童心，随时愿意和天真无邪的孩子们在一起，这是多么开心的事情呀！记得2011年9月我接手的是一所农村小学的五年级班主任兼语文、品德教师。上班没两天我就知道了这个班是全校出名的问题班级！这个班从三年级开始就在学校出名了，当时学校师资配备不足，也没有人愿意担任这个班的班主任，学校就安排了一位老教师带班，一直到我接手这个班。我是刚来这所学校的新老师，很多学生都不怕我，不听我指挥。班级劳动区无人打扫，上课铃一响，课堂像一团乱麻！学生像在菜市场似的闹哄哄、乱糟糟，根本无法进行教学任务。常常是老师在讲台上讲得口干舌燥，学生在课桌上呼呼大睡。这些孩子既不能打又不能骂，真让人头疼。更严重的是我找个别"出头"的男同学谈话时，他竟然恶作剧，用海南方言骂我，其他同学告诉了我这句话的意思，我当时就火冒三丈！积压了好久的怒火一并爆发，真想狠狠地揍他一顿解气！但是，多年的班主任经验告诉我，不能这样做，要走进学生的心里，做学生的良师益友！亲其师才能信其道。

怎样才能更快地走进学生的心里呢？思来想去，除了上班时间，我还可以通过组织课外活动与学生多交流、多沟通！心动就要行动！我了解到很多家长起早贪黑地工作，很少管教孩子，我又问了班级同学，多数孩子竟然没有去过本地有名的景点——水口。我简单策划了一个水口之旅的研学方案，在班级里讨论，全班36个学生都通过了！为了确保安全，我专门邀请了几位家长志愿者陪同。

星期日一大早，我们在学校集合，7：30就骑着单车出发了。从椰林大桥沿着陵河岸边向东骑行大概半个小时，来到一座不知名的小桥，过了小桥，就到了陵河入海口的大堤了。我们沿着大堤又骑行了20多分钟，看到前面有一座土山，班里的"老大"董怀童告诉我过了土山就到水口了。看看表已经9：30了，此时的太阳火辣辣地照着，我感觉嗓子快要冒烟了，两条腿也像灌了铅似的。唉！早知道这么远、这么累、这么热，就不搞这次活动了。可是，看着同学们兴高采烈的样子，我又浑身充满了力量。一路上，也有同学说又热又累，我一直给他们讲励志的故事鼓励他们坚持下去。

下了坝堤，沿着山脚，推着单车走过一段泥泞的小路，终于看到大海了！满眼都是碧绿的海水！我把安全规则说完，叮嘱家长志愿者看管好孩子们的安全，同学们就把单车随便丢在沙滩上，分小组在海滩上嬉戏。赤脚走在软软的沙滩上，感觉就像踩在棉花堆上。太阳火辣辣的，好像要把人晒焦。

忽然，陈历洪说："老师快过来，这里有个洞，我好像看到里面有只大螃蟹呢！"我们一听有螃蟹就赶紧围了上去。丁力拿出事先准备好的铲子，开始挖，才挖了没几下，突然就从沙坑里蹿出了一只有鸡蛋那么大的螃蟹，这个横行将军逃得可真快，可是也快不过我们的"飞毛腿"董怀童，只见他一个箭步冲过去麻利地用手捏住了这只"小霸王"。真是一只海蟹，眼睛气鼓鼓地向上瞪着，两只钳子剧烈地挥舞着，好像要和谁拼命似的，嘴里还不停地吐着水泡，好像在说："快点儿放我回大海，不然我就用我的钳子夹你们！"哈哈！已经是我们的俘虏了还这么耀武扬威。我们又陆续在沙滩上挖到了十几只螃蟹，这些螃蟹有大有小，都很神气地在塑料桶里面爬来爬去，可是怎么也跑不出我们的手掌心！

肚子饿得咕咕叫，才想起该回家了。看着海浪随意拍着岸边的沙滩，真想在这里继续玩下去。回去的路上，尽管我们都很累，可是想着今天真的收获很多，又浑身充满了力量。

星期一，我指导学生写了一篇作文，以游玩为中心，可以写我们这次的赶海经历，想写什么写什么，题目自拟，实在不会写的就把想说的话说给语文班长，让语文班长代写。同学们写的内容很丰富：有写美景的、有写快乐心情的，更多的还是写我的，写我怎样带领他们去玩，给他们讲了好多励志故事！孩子们的作文虽然有很多错别字，但是内容很精彩！总的意思是很开心、印象深刻、开始喜欢我这位老师了。

这次的郊游研学活动，是对同学们的一次历练，也改变了同学们的人生态度。此后，要求同学们几点进班早读，我提前10分钟在班内等他们；打扫班级卫生区，我和值班同学一起劳动；他们的语文作业，我批改得认真仔细，发现错误及时找学生来改正；根据班级学情，我认真备课上课，力争让每一个同学都学有所得。利用课余时间，我到学生家去家访，跟家长沟通交流孩子的教育问题，所幸家长们也都支持，表示会重视孩子的家庭教育。一段时间后，在劳动和纪律方面同学们进步很大。很多学生也开始了主动学习，由于基础差，所以学起来有点儿困难，但他们知道努力学习了就好！第二学期末，我们班被评为校文明班级，这是孩子们上学以来得到的第一个班级集体荣誉。他们比我还开心！保持童心，陪孩子们一起疯、一起闹、一起玩、一起学，看着差班变好班、看着孩子们一点一滴地进步和成长，作为班主任，真的很有成就感，幸福感也就不言而喻啦！

我分享的第二个经典语录是《幸福比优秀更重要》第五章第17页：坚守教育信念是对的，但不是为了什么优秀，而是自己的快乐，别在意优秀不优秀，要在乎你自己每天是否幸福，因为幸福比优秀更重要！

（五）博文分享

看完了这个篇章，我跟大家分享我写的一篇博文《简单的幸福》。

简单的幸福

已经过了而立之年，能够做自己喜欢的工作，和孩子们真诚交流，就是幸福；尽心工作，与人为善，快乐自己，就是幸福；回到家里，儿子乖顺，学习认真，老公在书房里陪着儿子看书、写作业、弹琴……这不就是幸福吗？家，就是最温馨的港湾。为家人而忙碌，就是一种简单的幸福！生活如此简单，但也充满了幸福！

努力工作是一种简单的幸福！每天，迎着初升的朝阳，伴着晨曦的朝露，带着愉悦的心情来到学校，投入教育教学工作。偶尔会有风雨相随，但也改变不了我工作的热情：精心备课，认真上课，细致批改作业，课余时间耐心地和孩子们真诚沟通……有时候，真的感觉，仿佛又回到了童年时代。一颗童真的心，是我们这些做老师的必须要保持的吧！这样想着，看似单调的教学工作，也就成了一件心旷神怡的事情了！下班了，和同事们道别，和孩子们再见，踩着夕阳的余晖行进在回家的路上，看着来来往往的路人，行色匆匆……

也许我的梦想并不伟大，也许我的幸福指数要求不高，但是我在努力地过好每一天。尽心工作，简单生活。在家里，做一个好母亲、好妻子、好家庭主妇；在学校，尽职尽责，做一个好老师、好同事、好下属。业余时间爱上阅读，畅游在书的海洋里，沉浸在书的世界里，随缘自在。我很庆幸，有健康的体魄，有阳光的心态，每天快乐工作，快乐生活；我很庆幸，自己选择了教师这个职业，没有脱离书本，没有冷落写作。

幸福是什么？借用魏书生老师的一句话就是：幸福就是珍惜你所拥有

的，遗忘你所没有的。对我来说，幸福就是仰不愧于天，俯不愧于地，坦然面对生活中的一切，和同事们真诚相处，和孩子们一起快乐学习。尽心工作，简单生活，一生如此，夫复何求！

听完了我的博文分享，你是不是发觉自己总羡慕别人的幸福，却常常忽略了生活中的美好？其实，幸福的人并非拥有了世界上最好的东西，而是珍惜了生命中的点点滴滴。学会用感恩的心面对生活，你就可以体味到更多的幸福。

上学期的家长会，我让孩子们给家长准备了一份特别的礼物，每位同学都要对爸爸妈妈说几句心里话，我用手机录制下来，在家长会上播放给家长们看，一句句发自内心的稚嫩的话语，让很多家长都感动不已。家长会的召开，为我以后的班主任工作打下了良好的基础。这个学期，我号召同学们一起先后创建了书香班级、绿色生态班级、文明班级、爱心班级。为孩子们的校园生活增添了乐趣。本学期开始要求同学们每周都要做一些力所能及的家务，拍发照片在班级群打卡，用任务驱动的形式来培养孩子帮助家长做家务爱劳动的美德。同时，在一些重大的节日比如五一劳动节等，号召家长开展亲子活动，带孩子出去走走玩玩，一个学期家长至少要带孩子出去游玩一次，以增强家庭的凝聚感和亲子感情。并且要求出去游玩的同学拍照片发在班级群，把自己游玩的感受用一句话或者是一段话表达出来。这两项作业的布置，有效地提升了家庭之间、家长和孩子之间的感情。同时，也培养了孩子们的劳动美德，开阔了孩子们的视野，提高了孩子们作文说写的能力，潜移默化中对孩子进行素质的培养和提升。

对于班级特别优秀的孩子和问题学生，我会经常跟家长联系，一起带他们出去游玩，亲近大自然，跟他们一起共同感受大自然的美。这样的郊游活动，对于优秀生是奖励，而对于这些留守儿童和有问题的孩子，就是一种激励。陪他们一起走进大自然，同时对他们进行思想的引导和心理健康的辅导。

教育的艺术，其实就是跟学生在一起，带着童心和对学生真诚的爱，没有隔阂地融入孩子们的世界，和他们一起发现美、欣赏美、创造美、展现美，进而被美的事物深深地唤醒、启迪学生的生命世界，也提升自我的生命世界，并获得自身作为教师生命的最大成全与本真的幸福！再请大家欣赏一个小视频——《感恩有你》，愿我们都能保持童心，做一名幸福的班主任，给孩子们一个幸福、快乐、健康的童年！

心中充满阳光和感恩的人，生活踏实滋润而又信心百倍，内心也便拥有了一种简单的幸福，这是一种积极的生活态度，更是一种智慧的生活方式。"优秀"的教师是有限的，而幸福的教师却有千千万万，有些就在我们身边，甚至就是我们自己！保持童心，做一个幸福的教师，我在路上！我今天的分享到此结束，谢谢大家的聆听！

创设儿童阅读环境，激发好书阅读兴趣

——《儿童读写三十讲》读书分享

一、我与《儿童读写三十讲》的渊源

2023年加入了王琴玉老师的工作室，当王老师给我推荐这本《儿童读写三十讲》的时候，要求我们学习这本书并拿到结业证书。我比较心急，开始由于填报的失误，我报错了，后来又看到我们贾校长发在群里的二维码，我又重新扫码，改正过来。就这样稀里糊涂的我既报了学员又报了助教，很荣幸，选取初级助教的时候，以小学语文教师为主，我就被选作第14期6班的助教老师。我想既然我被选任助教老师，那我一定要以身作则。我首先很认真地听，听完这三十讲，然后一边听一边答题，那么答题的准确率就特别高。我只用了两天的时间，就完成了《儿童读写三十讲》的全部内容，拿到了证书。当拿到这个证书的时候，我还没有太当回事，只是把它当作自己众多证书当中的一个，但是在做助教的过程当中、反复学习的过程当中，我是真的喜欢上了这本书。在辅导学员的过程当中，学员们遇到不懂的问题我会及时地告诉他们。就这样，我对这本书以及这本书里面的内容越来越感兴趣了，直到这次省骨办省骨学带的培训王老师说要分享这本书的时候，我又重新捧起这本书，感悟这本书的内容。

二、读书分享

（一）作者简介

首先我们来看这本书的作者魏智渊，他是陕西乾县人，曾用网名铁皮鼓，1973年生，专注于教育培训课程研发阅读研究和学校改造，曾担任南宁教育及全人之美课程联合创始人，曾先后兼任多所学校校长，著有《教师阅读地图》《苏霍姆林斯基教育学》《高手教师》等作品，这几本书让我感受到他的教学理念——全人之美，顾名思义就是成人之美，成人达己。我的做人及教育教学理念和魏老师的理念非常的相似。该书分上、中、下三个篇章，上篇主要讲了8个板块的内容，中篇讲了11个板块的内容，下篇讲了11个板块的内容，合起来正好是30讲。上篇主要侧重于儿童阅读基础，告诉我们什么是童书和绘本；当儿童在阅读图书时，他的内心发生着什么；童书是什么样子；怎样让儿童爱上阅读；为什么要进行海量阅读；以及班级图书角的建立和做好儿童读写教师应该读哪些书；等等。中篇从阅读走向了阅读课程。下篇主要是儿童自由写作。整本书告诉了我们儿童阅读的最终目的就是写作，这和我们工作室的一起读写的理念是不谋而合的。打开这本书，当阅读到怎样管理好一个班级图书角时，我的心灵被深深地触动了，因为我觉得我自己的班级图书角这个管理和创建的理念，和魏老师的理念是那么的契合。接下来我就和大家分享一下我读完这个章节之后的感悟，以及我在班级当中的实践。

（二）《怎么管理好一个图书角》主要内容

课程引言：如果有天堂，天堂应该是图书馆的模样。要推动所有儿童阅读，尤其是海量阅读，必须让图书触手可及。图书角的重要性，就在于此。

内容提要：

（1）图书从哪里来？

逐渐丰富，每年200—400本，注意弹性，班级和家长共建。倡导捐赠，让家长认识到其中的好处，充分利用家长信等宣传方式。

（2）如何确保图书角的书不流失？

宁可有丢失率，也不能增加借阅成本。可以确定几条简单的借阅规则。

（3）怎么能让图书角的图书得到充分的利用？

可以对图书角的书根据难易程度划分图书等级。

挑战活动：

（1）做好一个家庭图书角。

（2）管理好一个图书角。

（三）分享心得

在这个章节中，魏老师首先告诉我们，比图书馆更重要的地方实际上是图书角，因为图书馆没有办法满足全民节约带来的需求，要推动所有儿童的阅读，尤其是海量阅读，必须让图书触手可及，图书角的重要性就在于此。

接着魏老师为我们提出了几个问题：图书从哪里来？如何确保图书角的书不流失？怎么能让图书角的图书得到充分的利用？我用这三个问题引入了以下分享。第一个问题，图书从哪里来。图书角的图书，要源于家长共建图书角，这是一个比较可行并且经济的办法。魏老师还告诉了我们，要尽量说服家长捐赠，让家长意识到这是一件特别经济实惠的事情。还特别提出要特别注意以下几点：一是要让家长意识到阅读的重要性，可以利用家长会、家长信以及其他方式逐渐地宣传。二是图书捐赠必须是自愿的。三是购书通常建议由家委会来操作，避免产生不必要的麻烦。购买的图书是真正用于阅读不能存于书柜。任何物品买到以后都要高效率地使用起来，这样就有了后续投资的动力。在这里魏老师还特别指出，不赞成让家长把家里的旧书拿来捐给班级，因为最珍贵的不是书，而是儿童的时间。

魏老师还特别为我们指出，放在教室图书角的图书，必须经过仔细的识别，哪怕家长捐赠资金，家委会也必须按老师提供的书单来购买，否则一间教室的书籍鱼龙混杂，孩子们不能高效阅读是得不偿失的。

第二个问题，怎样确保图书角的书不流失？这里魏老师为我们分享六条简单的借阅规则。这六条借阅规则，大体满足了儿童阅读的借阅要求，也说明了各种特殊情况的处理办法。到了寒暑假可以设置返校日就图书进行交换，如果班级图书品种丰富或不足，可以对规则进行适度的调整。整个图书借阅的过程中不需要借阅手续，完全依赖于相互之间的信任，这同时也是对孩子进行人格教育的契机。让家长留意家里如果有印有班级图书角印章的图书，要知道规则，如果自己孩子违反了规则，要督促矫正。当然如果班级里的图书出现了丢失尤其是大量丢失就要启动调查，不能在没有证据的前提下直接怀疑学生。还可以设立班级图书管理员，每周由一两个专职学生来管理。到了借阅时间管理员只要简单地登记每位同学拿了几本书就可以了，到了还书时间，再登记还回几本图书，管理员之间的交接只是确认图书总量，这样极大地简化了程序。

魏老师为我们解决的第三个问题就是怎么能让图书角的图书得到充分的利用。魏老师为我们分享了以下策略。一是给教室的所有图书，根据难易程度划分等级，每个级别都有一个书单，这样就形成了书梯，上一个等级的规定书目读完之后才可以挑战下一个等级。二是每两周或每个月绘制班级阅读地图，每个人的进步清晰可见。三是阅读打卡，规定每周或每月的最低字数，每本书的字数可以清晰地标明，阅读量每达到一个百万量级，就利用班会开庆祝会，对达到的同学进行一次表扬，老师可以写颁奖词，并给家长发电子贺卡等。四是举办读书交流活动，让学生上台分享自己的读书心得、读书方法、怎么利用时间阅读，以及对某些书的看法。老师自己喜欢阅读也非常重要，可以经常与学生分享自己的阅读心得，经常讲到一些童书里面的内容，老师提到的书，儿童往往更倾向于去借阅。书也不要一次投放，确保每周都能投放一些新书进去，这样能激发学生持续阅读的兴趣。最后魏老师为我们讲了班级图书角的最终归属问题。

三、班级图书角的建设

接下来再跟大家分享一下，我在班级图书角的建设。2020年暑假开学，我接手了陵水黎族自治县中山小学的四（1）班，这个班当时是43位同学，开学之后有一位同学转去海口了，只剩42位同学，其中18个女生，24个男生。这个班的同学成绩一般，特别地不爱阅读，让大家读书的时候同学们都闷不作声，但是一到下课就变成了"脱缰的野马""下山的猛虎"，还容易发生磕磕碰碰。很让我头疼。那么怎么解决同学们下课乱跑乱跳这个问题呢？我就想，在班级内不能老是让他们写作业啊，可以阅读，既然你们不喜欢大声朗读，那就让你们默读，可是默读的书从哪里来？我就跟同学们说我们要建一个班级图书角，同时还要建绿色生态班级和书香班级，同学们很乐意。因为这是他们四年以来第一次集体行动。当时我发动了募捐，让大家用自己的零花钱来自愿捐助。用同学们捐助的这些钱，我们班买了两个书架和两个花架。因为我本人比较喜欢花花草草，我除了发动同学以外，自己也捐赠了10多盆花在班级里，于是我们班真的变得绿意盎然了。下课了同学们看看花花草草，给花草浇浇水是多么有趣的事情啊，他们再也不会乱跑了。看着空荡荡的书架，我就跟同学们说，我们的书架必须得丰富起来，我就带着同学们到图书室，每人选一本喜欢的书籍拿来，自己看过之后放在书架上分享，大家读后再归还。但是这样40多本书根本不够大家阅读，于是我又发动孩子们自己捐赠书，孩子们每个人至少1本，最多的5本，还有我们班一个学生一下捐了17本，成为我们班的"捐书明星"。

图书角建立起来之后，第1周同学们的阅读兴趣很浓，这个方法果然是把同学们留在班级了，但是没过多久我就发现很多同学阅读完书籍之后把书随便乱扔，于是我在班内发动公益，志愿岗就是当图书管理员，每周一和周三都要整理一次班级图书角，坐在图书角旁边的同学，"近水楼台先得月"，看到图书乱了，要把图书及时摆正。

为了充分发挥孩子们的阅读兴趣，我在班级内进行了同读一本书、好书漂流、阅读分享等活动，为了活动更正规，我积极主动地参加了陵水黎族自治县新华书店的书香陵水阅读分享活动。带领学生们走进新华书店，坐在满是图书的书店里进行阅读分享。那次的阅读分享特别成功。本来只是50个人的场地，却来了60多人，场地挤得满满的，孩子们兴趣盎然地跟着我一起讲整本书阅读走进四大名著。在分享的过程中孩子们只要积极踊跃地发言，准能得到小礼物——一本书。通过举办正规的读书分享活动，孩子们的阅读兴趣更浓了。

假期的时候，我安排的作业是让同学们阅读2—3本书并且记录在自己的阅读打卡本上。

四年级的时候我组织的是好书漂流活动，大家每周进行一次好书推荐活动，这样可以丰富同学们的阅读书籍。

五年级主要是进行阅读分享活动，大家在读书的过程中能有自己独特的体验，能够把它说出来写下来。

六年级我主要是发动同学们进行同读一本书活动，因为在六年级的快乐书吧里面有推荐同读《小英雄雨来》这本书。其实这个单元主要推荐了三本书：《童年》《小英雄雨来》《爱的教育》。考虑到另外两本书讲的是国外的故事，而《小英雄雨来》呢，是属于我们中国的革命传统文化教育，于是我就发动全班同学，购买这本书进行阅读。这学期我开始让同学们在阅读的过程中记录读书笔记。同时，要写出自己阅读时独特的感受。这样从最初创设儿童的阅读环境激发学生的阅读兴趣，到让学生主动说出自己的阅读感悟，再到六年级的写读书笔记写读后感，这样层层递进，达到了读写结合。当然，在实施的过程中，也会存在着这样那样的问题，比如说，因为工作忙碌，我不能够及时评改学生的读书笔记的时候，我就让组长和班长进行了检查。检查的要求是不管写多少，只要有更新，每天都有进步就行。

四、小结

今天我就跟大家分享到这儿。如果有不足之处，欢迎大家批评指正。最后，要感谢王琴玉老师以及工作室的全体小伙伴，感谢王老师为我们创设这样一个阅读分享的平台，共读共写共成长，为师为伴亦为友。在未来的日子里让我们一起读写，走在幸福教语文的康庄大道上，做儿童阅读的点灯人，用微光引领儿童的阅读之路。谢谢大家！

从实际出发，怎样最好，就怎样做

——班主任经验交流汇报材料

各位领导、老师，大家好！

今天，能在这里跟大家一起交流班主任工作心得，我感到非常荣幸。回顾这一学期的教学工作经历，我觉得我没有什么可谈，平平淡淡、没有大的作为。要说我的经验就是尽职尽责的工作态度。如果用一句话概括，那就是：从实际出发，怎样最好，就怎样做。事实也证明了这一点。

一、班级管理理念和方法

我的管理班级理念是：用热情工作，用真诚沟通，用知识教学生，用人品感染学生。

我的管理班级方法是：充分发挥师爱的作用，用高尚的人格感染学生。

把每一个学生都当作自己的孩子来认真对待。比如，上次参观苏维埃博物馆活动，我们班陈士能同学的鞋子坏了，只能光着脚走路，到博物馆之后，我准备去给他买双鞋子，结果我们数学老师陈仕武争着去给那个孩子买了鞋子，当时我就看到那个孩子对我们老师的态度和感觉就不一样了。我很感动，为同学们有这样的数学老师而感动。我们班的郑刚，当听说他喉咙不舒服，可能要动手术的时候，我很难过，总想为这个孩子做些什么，对当地的风俗习惯我不太熟悉，于是就给了他妈妈100元钱，让她给孩子买点营养品，也算是尽了我的一点绵薄之力吧，她妈妈当时就哭了，弄得我也不知道说什么好……

1. 上好每一节课

追求内容连贯，逻辑性强。遇到不会的题，不要敷衍。承认自己不会，拉近与学生的距离，让学生知道，老师也是需要学习才能更好地传授知识。

2. 勤奋、自信、乐观、向上

我对自己这样说，对学生也是这样说。用我的勤奋带动学生，用我的自信，帮助学生树立自信。课余时间，我经常用手机拍那些认真学习的学生，然后利用课余时间在班里的屏幕上播放，当同学们看到自己认真学习的照片被放大在屏幕上的时候，都高兴得不得了，其他没有被拍到的同学除了羡慕，也会暗下决心努力学习，这就是榜样的力量。

3. 以教书为乐，以学习为趣

想让学生做到，自己首先应该做到，这样才具有说服力。我让学生来学校之后就进班级主动学习，以学习为乐，我就自然以教书为乐，以学习为趣。我也常把自己学到的新观点说给学生听，与学生一同体会学习的乐趣。

4. 多理解、多鼓励，少批评

学生有他们自己的想法，他们不需要我们过多地说教，他们最需要的是我们的理解。所以，我们要用宽容的心，善于发现学生的闪光点并及时进行表扬，树立学生的自信。

青少年喜欢模仿，这是他们共有的心理现象。他们常常崇敬以身作则的教师，不喜欢一味说教和简单粗暴的教师，尤其是班主任老师的一言一行都在有意无意地影响着学生，学生不仅听其言，而且要观其行，教师的身教常常比言教能起更大的作用。因此，教师时刻以自己的言行、思想作风、待人接物的态度给学生做出表率，培养学生良好的品德。我要求学生做到的我必须做到，我答应学生的事我一定做到。并时时处处做学生的榜样，教师无小节处处是楷模，教育无小事处处是大事。

二、用集体活动团结学生，平等对待每一位学生

如果举行一项活动能让所有学生都参与的话，无论是什么活动都将是极大的成功。比如学校组织的参观苏维埃博物馆红色之旅活动、我们班级组织的向弱势群体献爱心活动、节日庆祝活动等，我让全班学生都参与，参加的参加、助威的助威。班主任要全力提倡，这是形成和谐的环境，产生向心力、凝聚力，培养集体荣誉感的绝好机会。如果班主任仍然只强调学习，不主张参加这些活动的话，就等于自己在破坏班级的团结，削弱班级的凝聚力。

总之，我认为做好班主任工作的前提是：要有高度的责任心、上进心和使命感，要有宽阔的胸怀、科学的方法，要多一份尊重、多一份宽容、多一份理解，善待每一位学生、欣赏每一位学生，相信学生未来的辉煌就在我们的无私奉献与关爱之中。

以上，是我上学期以来，印象最深的一些体会，今天说出来和大家一起分享，说得不好，请各位班主任老师多多指教。其实这也是所有有责任心的班主任都做了的工作。我和他们一样。再次祝大家元宵节愉快。谢谢！

做阳光语文，享幸福人生

——畅谈阳光语文教学主张

尊敬的各位领导、各位工作室主持人、各位老师，大家好！我是刘顺泉工作室的成员任学勤，今天我跟大家分享的教学主张是阳光语文，共沐阳光，共同成长。我将从什么是阳光语文、如何进行阳光语文教育教学这两个方面跟大家分享。

有一句名言说得好：教育是一种唤醒，是一种帮助，是一种爱，教育意味着一朵云推动另一朵云，一个灵魂唤醒另一个灵魂。我们工作室的教学主张是阳光语文，就是希望老师和同学们沐浴在阳光下，用健康快乐积极向上的心态教学、学习，用心用情做教育，推动一片又一片的云、唤醒一个又一个的灵魂，在阳光教育的滋养下茁壮成长。做阳光教师、做阳光学生、享幸福人生。这里，我想用工作室成员对阳光语文的理解来诠释阳光语文教学主张。

（陵水黎族自治县中山小学　崔传统）阳光语文，意味着我们从事的是阳光的语文教育，是温暖的教育，是能够给教师、学生带来光明与希望的语文教育事业。在这温暖的阳光海岛，语文教育犹如冬日里暖融融的阳光一样，塑造了阳光般温暖无私默默奉献的老师，继而塑造了阳光般自由活泼、纯洁健康的学生。

（陵水黎族自治县卓杰小学　陈乔龙）阳光语文关注的是学生的人文精

神培养，注重的是学生人格的完善和发展。以课堂为阵地，以学生为中心，指导学生热爱语文，会学语文，乐学语文，提高学生生命的质量，如初升的太阳，红了东方，照亮大地，醉了夕阳。

（三亚市第一小学　徐莉）：阳光语文是课堂上充满正能量的积极向上的语文；是胜不骄、败不馁的语文；是乐于分享、敢于表达自我、与他人和谐互助的语文；是充满活力、能释放孩子天性的语文；是教师能够根据教材设计开放性思维，促进学生积极思考、多维度表现自我的语文；是能够根据孩子不同阶段，设计符合孩子年龄特征的语文；是满足孩子学习需要的语文；是有孩子活动空间的语文，适当地让孩子或读或写或演或画，让课堂充满朝气，学生主动学习的语文；是孩子展现自我的舞台，是让孩子愉悦学习的语文……太多太多，只要是传播真、善、美的语文，全是阳光语文。

以上这几位老师很好地诠释了什么是阳光语文。阳光语文归纳起来就是教师阳光乐观积极向上；学生健康阳光、好学上进、勤劳诚实、文明朴实；课堂阳光充满朝气与活力。

那么，如何实施阳光语文的教育教学呢？主要有以下几点。

一、做阳光教师

1. 做阳光教师要仪表阳光

首先，男教师要服装整洁，文质彬彬，进入校园不抽烟、不嚼槟榔、不穿拖鞋等；女教师要着装大方，活泼又不失端庄，稍微化点淡妆，举止文雅，让学生一见就喜欢老师，亲其师而信其道。其次，做阳光教师要有阳光的心态，俗话说，心态决定命运。良好的心态能保证自身的健康和和谐美好的生活。学校里服从领导的工作安排，支持领导的工作，和同事相处要真诚、团结，互帮互助；课堂上，我们要会调节自己的情绪，温和文雅公平公正地对待每一位同学，关爱每一位同学；回到家里面带微笑，温柔亲切地对待自己的家人，像阳光一样给家人带来温暖和希望。

2. 做阳光教师要师德高尚

教师高尚的师德是树立形象的基本条件。塑灵魂还需灵魂美，正品德更需品德高。所以，一名合格教师首先要具有高尚的思想品质。教师的爱心是树立形象的首要条件。教师的工作是教书育人。为使学生健康成长，教师必须动之以情、晓之以理，满腔热忱地关心爱护学生。教师只有对教育工作具有高度的责任感、义务感，处处关心、体贴、爱护学生，才能赢得学生的拥护和爱戴。

3. 做阳光教师要学识渊博

做阳光教师，还要与时俱进，终身学习，注重自身的专业发展。雄厚的专业知识和过硬的业务能力是教师树立形象的重要条件。教师缺少专业知识，业务能力低，课讲不明白，甚至讲错，怎能使学生信服？特别是年龄较大的学生，他们具有一定的知识素养，并具有分析评价教师的能力，他们对学习的态度直接与教师的知识水平相联系。因此，教师要加强学习，不断提高业务能力和自身素质。教师的仪表举止、工作作风和生活习惯，对其威信的树立也是不可忽视的条件。一名合格的人民教师，必须在仪表、工作作风、言谈举止等方面加强自身修养，做学生的楷模，才能在学生中树立自己的良好形象。

4. 做阳光教师要有人格魅力

性格、品德、才学、风度是构成教师人格魅力的支柱。一位名人说得好，教师的人格是教育工作成功的有决定意义的因素，教师人格魅力对学生有着强大的教育力量，是挖掘学生内在潜力和培养健全人格的催化剂，所以我们在自己的工作生活中要加强修养，不断提高完善自己，以自己的人格魅力去教育和影响学生。教师的人格魅力源于善良和慈爱，会在平等的基础上善待每一个学生，不会因为学习成绩的好坏与家庭背景的不同，高看或歧视某些学生；教师的人格魅力源于对学生的信任和宽容，在课堂上他们不是一味灌输包办代替，而是把学习的主动权交给学生，让学生在探索中享受成功，教师是指导者和引路人；教师的人格魅力源于对事业的忠诚，他们不是把教书看作谋生的手段，而是毫无私心杂念地投身其中，以教书育人为崇高的职责，并能从中享受到人生的快乐。

5. 做阳光教师要教法灵活

孔子在《礼记·学记》中讲到的"道而弗牵，强而弗抑，开而弗达"，正是强调在启发性引导和做出解答上要把握时机，讲究授课行为的技能，也就是教学方法。达尔文说，最有价值的知识是关于方法的知识。也进一步强调教学方法的重要性。抓好语文教学，掌握上课的教法及技巧，注重语文教学效率的提高，这是语文学科的本质要求，同时也是时代社会的内在要求。

总之，（三亚市第一小学　凌群）教师要有乐观、上进、自强的心态，教师阳光灿烂、心情愉悦地进课堂，真心、用心、耐心地爱学生，有"宰相肚里能撑船"的宽广胸怀和坚韧顽强的毅力，使学生在轻松愉快的环境中学习语文，让学生成为一个正直、善良、快乐、具有坚强意志和阔达心胸的人。

二、做阳光学生

海南省省长沈晓明曾表示，学生全面素质的提高是最重要的，海南培养出来的学生应具备的特点，他总结了16个字：健康阳光、好学上进、勤劳诚实、文明朴实，作为海南学生的特色印记。他提出，如果海南学生都具有这16个字的品质，海南中小学教育就是成功的。围绕立德树人的根本任务，突出培养中小学生的核心素养、必备品质和关键能力。阳光语文，就是关注学生的核心素养，培养学生学会求知、学会做事、学会合作、学会生存与发展，成为健康阳光、好学上进、勤劳诚实、文明朴实的海南学生。

三、建阳光课堂

快乐的、和谐的、高效的、学生喜欢的阳光语文课堂就是让课堂充满和谐、温馨和阳光般的人文关怀。尊重学生的个性，唤起学生真切的内心情感体验，把学习的主动权还给学生，让语文学习充满勃勃生机；让学生享受学习的乐趣。一是以"尊重"为前提，构筑对话平台，让学生感受阳光气氛；二是以"课堂"为阵地，重视学习方法的指导，使学生获得阳光的思维；三是以"欣赏"为基点，注重课堂倾听，让学生彰显阳光个性。

1. 以学生为中心

（三亚市第一小学　梁培）"阳光语文"的宗旨在于关注学生的人文精神培养，注重学生人格的完善和发展，教育学生热爱生命，发展学生潜在的优势，提高学生生命的质量，为每一个生命的自由发展提供广阔的发展空间和条件，为学生的可持续发展开拓一片绿地，拥有一片灿烂的阳光。因此，在语文教学中老师应该亲近每一名学生，关切学生的每一种行为，捕捉学生的每一个细节，展示学生的每一次成功。老师应该调整好学生的心态，找准学生的闪光点适当地开展小组合作学习，给予学生充足的自主空间，学生可以自主地发表见解。使学生成为快乐、自主、阳光的学生，使课堂成为阳光的课堂。

2. 以教材为依托

借助教材、发掘教材、使用教材、活用教材，而不单单是"死教书，教死书"。

3. 以现代化教育教学手段为辅助

阳光课堂还要充分恰当地使用现代化教育教学手段辅助教学，因为：丰富的音频视频资源可以使教学过程更加形象生动，一些传统教学无法表达的内容可以更完美地展现；教材、课件资源更加易于积累、修改、共享，减少教师准备课程内容时间，提高教师教学效率；电子白板、交互式液晶屏这些交互式教学设备的推出，可以在整个版面模拟普通教学的白板、黑板、绿板等教学模式，使用软件中的书写笔工具，可以实现无粉尘教学，完全再现板书教学效果，不仅利于教师和学生的身体健康，而且可以减少这些耗材产品的使用。多媒体中央控制系统的使用，可以实现一键开关机，上下课更高效，设备使用过程更加简单。现代化教学手段的优点很多，不仅开阔了学生的视野，增加了课堂授课的知识量，而且也在一定程度上促使老师与时俱进，终身学习。

四、做阳光教育

阳光语文教学为学生提供赖以生存和发展的不竭源泉和动力，为教师寻找到心灵的栖息地和精神的乐园。阳光语文教学既体现深厚的文化底蕴，又与时俱进、紧跟时代步伐。做阳光教师，心态阳光，乐观、积极向上；教阳光语文，让每一位学生成为乐学、善学多思的阳光学子。

保持热爱，奔赴远方

2022年11月，我很荣幸地加入了海南省小学语文王琴玉卓越教师工作室，自此开始了我的幸福语文之路。

这是一个积极向上、勤学不辍的团队。工作室每月进行一次阅读分享，每周进行一次"一起观课"活动。网络集中研修激励我不断地自学、群学。学习名师名家的经典课例，聆听专家大咖的精彩讲座，不仅转变了我的教育教学观念，而且提升了我的专业素养以及课堂教学能力。平时在朋友圈也能看到大家所发的工作、学习动态，知道工作室的其他小伙伴都在做什么，无形中也是一种学习的机会。看到小伙伴儿们发的动态，我就告诉自己要努力，用实际行动向大家看齐。

这是一个勇于担当、凝聚力强的团队。集中研修活动以及主持人所发出的号召，大家都积极主动地承担任务，团结协作，高效地完成。本学年我参加了两次阅读分享，一次是共读《儿童读写三十讲》；一次是共读《部编版小学语文怎么教》，参加了五次"一起观课"活动。在团队小伙伴的鼓励下克服困难，坚持跟上团队的步伐；在工作室活动中不掉队；在专业成长之路上不"拉后腿"。

未来，在王老师的带领下，我将和团队的朋友们一起，保持热爱，奔赴远方，努力，遇见更好的自己！

端正态度，认真培训

2014年5月9日，我接到手机短信通知要求参加省骨干培训。我就想啊：省骨干证书都领到手了，怎么还培训啊？再加上最近学校迎接工作检查要准备很多材料，所以我也没怎么在意这次的培训，以为去听听课就可以结束了。5月13日下午简单收拾一下就出发了。与前几次培训相比，这次我的心情很轻松，不像之前像要考试那样紧张分分的了。

16：05，我们陵水的几个省骨干教师到达海口东站，这时候天阴沉得厉害，看样子一场暴雨不可避免了。在乘车去培训院的途中果然下起了大雨。开车的师傅看雨下得太大，就把我们送到了培训院内。虽然如此，我们还是淋得全身湿透。天公不作美呀！好在我们县的学科带头人——冯教研帮我们预定了房间，住在了培训院内的宿舍，吃饭和学习培训都很方便，这样就不用像前几次培训那样花太多时间在路上了。等一切安顿下来后，仔细阅读了这次的培训学员手册和学习资料我才明白，这次的培训学习并不是我想象中那样简单。原来，已经过去的2013年的考核和培训，包括领取到的省骨干证书，这些只是省骨干考核和培训的一部分！万里长征才走了第一步，在省骨干教师证书的五年有效期内，以后的四年才是真正的考验和历练。

这次的培训将特级教师、学科带头人和骨干教师融合，特级教师带团队，学科带头人指导骨干教师，真正称得上是强强联合啊！据说这次培训以后还要写1万字的专业阅读心得体会，申报或参与省、县课题研究，送教下乡，等等，想想就有些害怕。学校工作那么多，还要完成这么多的省骨干培训任务！好在本年度的培训侧重于实践及专业引领，以任务驱动法促使三个层次的教师完成本年度的培训和学习，还好有学科带头人督促着学习和培训，这样自己的惰性就不会主导自己的行动了（我这个人吧，喜欢工作有点压力，总觉得有压力才有前进的动力）。

未来的培训学习之路还很漫长，看来我要端正态度，努力进取，认真完成布置的各项任务，在培训和学习中得到锻炼和提升，争取做一个合格而优秀的省骨干教师。

跟岗研修，尚美之行

——海南省小学卓越班主任工作室上海跟岗研修总结

2021年10月31日—11月4日，海南省小学卓越班主任工作室的50名成员一起到上海进行了为期五天的跟岗研修培训。这五天的跟岗研修让我们思想提升不少，收获多多。很感谢海南省教培院和上海市明师学堂为我们提供的这次研修培训的平台，我会很珍惜这次学习的机会。接下来跟大家汇报一下我们这次的学习内容和学习感悟。

10月31日上午，特级教师闵行区教育学院小学教研员杨献荣教授为我们做了《沟通从心开始，如何有效开展小学德育工作》的讲座。他为我们重点讲了德育在学科教学中的渗透，从五个方面做了详细的讲解。一是整体感知初读课文。二是从整体到部分再到整体，其中他重点讲了如何教会学生分段、连段意法归纳文章的主要方法等，特别是高年级整体把握文章内容的方法。三是在这些知识的灌输中，也渗透了德育的教育，主要是学生的书写能力和表达能力在实践中的发展。四是精读片段，品读语言从部分入手，重点抓学生读不懂的片段。五是做好德育渗透。学科教学中的德育，讲究的是渗透人文精神的感悟体验。特别是语文学科，德育渗透要做到润物细无声。在学科中渗透德育教育，要求老师们专研教材，要发现文中有牵一发而动全身的字、词、句、段，等等。一上午的培训在杨教授激情澎湃的讲座中结束了，我们意犹未尽。

　　下午杨教授重点为我们讲解了德育在单元整体教学中的应用以及单元整体教学的实施策略，从精读课文和略读课文两个方面进行了举例讲解。精读课文：一是要初读课文。读准、读正确、读流利、读通顺；二是厘清行文思路；三是把握文章的主要内容；四是选择落实语文素养、学生读不懂的语段、最有表达特色的语段。选出文中最有表达特色的、学生读不懂的语段和落实语文素养的语段，进行熟读课文、体会谋篇布局、熟读课文、语言与应用等。其中高年级重点在于体会谋篇布局，低年级重点在于语言的应用。精读课文传授的是方法，而阅读课文主要是学习和运用方法。单元整体教学的各个教学内容的连接，要做到承前启后，要根据单元目标整体规划课时目标和单元作业。单元教学目标的确定要熟悉教材，把每科的目标比较分析出来，找到最核心的目标进行落实。单元教学目标分三个部分：一是基础性的知识目标；二是基本能力目标；三是情感目标，也就是单元的人文主题。在制定单元教学目标的时候，要注意适切。最后杨教授还为我们讲了单元作业命题的技巧，要分板块：一是积累运用；二是理解阅读；三是书面表达；四是习作。

　　一整天的讲座，我们专心听讲，认真做笔记，课余进行研讨，不浪费每一次学习的机会。

　　11月1日，朱宝良校长为我们讲了《穿越百年文化时空，感悟乡土文化魅力》的讲座。他从办学的精神、办学的理念和培养目标等方面，为我们讲解了学校的发展历程。其中让我感受最深的是他培养学生的目标——培养快乐健康、能歌善舞、微笑待人的开心果和全面发展兴趣广泛、勇于提问的智多星。朱校长也为我们讲解了他们的校史文化课程，从点到面每一个环节都倾注了校长的心血。最后，朱校长用习近平总书记的话"心有所信，方能行远"为我们进行了总结，他还诚恳地告诉我们，要把自己喜欢做的事做好，教师最大的责任就是真正关爱每一位学生的全面发展，最大的心愿就是要千方百计提升自己的专业素养。

　　从朱校长的讲座中，我深刻感受到一位校长的办校情怀，只有把学校当作家，不忘教育初心，才能几十年如一日地花费精力倾注心血在学校。

11月2日，我们进入上海戏剧附属学校跟岗研修。来上海听到的第一节课是美术课《色彩的搭配》，这节美术课让我开阔了眼界，原来美术课也可以这样上。课堂上老师的教学重点在于调动孩子们的积极性，全程以孩子为主，让孩子动手操作。第二节课是戏剧舞美课，也是一节音乐活动课，教学形式新颖，不拘泥于传统的课堂模式，灵活多样的学习环节设计（听一听、说一说、想一想、演一演、评一评、改一改）充分发挥学生德智体美的潜能，让每一位学生的综合素养得到全面发展。

下午我们听的是戏剧主题综合课《木兰辞》，这堂课属于沉浸式场景教学。老师从服装的选择到让孩子的亲身参与，充分发挥了学生的动手、动脑能力以及合作能力。

11月3日，我们来到上海市南翔小学，听了两节主题班会展示课《当生气来临时》《一起来做剪刀手》。这两节主题班会课都是属于幸福班会课程的一部分。老师通过现场教学，运用多种方法、多种形式，让孩子们在课堂上感受幸福，解决问题。接着我们有幸聆听了朱雯校长为我们解读的学校课程文化，建立培养机制，助力班主任专业发展。主要是从班主任的现状分析，为我们进行了详细的解读，同时要注重班主任的心理辅导等，让我们知道了优秀班主任原来是这样练成的。

11月3日下午，我们听的是讲座《构建和谐共生的人文校园》，校长从"班子表率""责任担当与务实创新为先""育德为要""教育梦想与育人目标一致"等几个方面为我们进行了详细的理念阐述，重点讲了师生和谐关系的十条建议和好老师的标准，以及培养六好少年，等等，让我们对学校文化的建设有一个总体的感知。校长强调了学校要市政一体化，要重视德育文化，厚植人文内涵生长，等等，让我们从校长的角度来理解德育在学校中如何落实。

11月4日上午，我们听了张丽老师的个人专业发展报告。她从自己最初的起步告诉我们，作为一名优秀教师，必须要先做。只有行动才是最好的执行力。她用自己的个人专业发展历程以及获得的丰硕成果，告诉了我们一名优秀的教师是如何从平凡走向优秀，从优秀走向卓越的。

总的来说，这次的上海跟岗研修让我受益很大，上海先进的教育教学模式以及教育管理部门对德育工作的重视，都让我们觉得做班主任要坚定信念，不忘初心，向优秀、卓越前进。让我们带着爱、带着责任、带着期许再次出发。

关于习课堂的思考与收获

关于习课堂，慕课已久，今天终于有机会走进习课堂。听了两节课和一个讲座，思考了很多，收获也很多。

思考：①计时器的运用会不会干扰学生的学习注意力？②任务单和导学案有异曲同工之妙。任务单用在课堂中，导学案用在课外，导学案是否可以代替任务单？

收获：任务单是习课堂的灵魂，是贯穿一堂课的线索。习课堂，功夫在课外，灵魂在课堂。

低年级语文教学运用习课堂，让孩子边游戏边读书、识字，有效调动了学生的学习兴趣。当堂训练听写词语，教师评改，让孩子的识字、写字能力更扎实。充分训练学生的读、写能力，通过多种朗读方式，图文并茂，让学生可以熟读成诵，更容易增强孩子的记忆力。识字教学，训练孩子认清字形，整体识记。根据不同的字形运用归类识字、字理识字、看图识字等识字方法，提高孩子识记生字的能力。整堂课通过朗读、背诵、识字、写字的训练，关注全体学生，通过游戏缓解学生上课的紧张感，调动孩子的学习积极性。

两天六节课，两个讲座，给我们明确了新课堂的教学模式：在课堂教学的各环节都有时间限制，关注全体学生，以读为本，读写结合。读，就是读词语、读关键句子、读课文和讲义，熟读成诵；写，就是写生字、词语和同步训练，达到读写同步，当堂完成结合所学内容。以同步训练的题为教学目标的一部分。学生一边读一边写，完成同步训练，可无家庭作业。那么课堂的授课内容能"喂饱"学生吗？根据孩子的遗忘规律，课下不布置作业，不巩固加强所学知识，学生能记得住吗？课前预习和家庭作业也应该是同步进行的，这样才能更有效地巩固习课堂的当堂学习内容。

"优秀"的教师是有限的，有些与机遇甚至人际关系有关，而幸福的教师却有千千万万，有些就在我们身边，甚至就是我们自己！做一个幸福的教师，我在路上！

人这一生，快乐始于随和，幸福源于宁静。随和的人如水一般，看似柔软，实则力量无穷，不仅能包容世间万物，还能改变自己的命运。你有多随和，命就有多好！

感恩和孩子们在一起的日子！美好人生，让我们一起从做幸福班主任开始！

培训促成长，研修共提升

——国培计划（2022）海南省市县名校园长和名师工作室实施团队培训小结（陵水组）

2022年2月27日，我们来到海口参加国培计划（2022）海南省市县名校园长和名师工作室实施团队培训。

开班仪式由中国教师研修网的吴佳桐老师主持。中国教师研修网的孙丽斌主任进行了致辞：新时代中小学名师名校长工作室培养对象、名师培养计划要优化专家队伍，规划建设优化培养设计路径。教师的成长不是独行，而是点的凝聚，线的延伸，面的扩展，教学有智慧，责任有担当，资源有辐射。每一次培训都是新的学习，与专家对话，与同行交流。努力通过培训，为学生点灯，为区域引领，让自己提升，承担起名师工作室主持人的责任和使命。

海南省教育研究培训院彭冰花主任为我们解读了本次的研修方案以及研修要求。这次解读的关键词为实践、研究、辐射，彭主任指出了要优质资源共享，以及研修的三年活动规划、周期计划、办学理念和教学主张。接着对全体学员提出以下几点要求：①高度重视本次活动；②调整心态和角色，全身心投入学习；③分享真知灼见，促进共同提高，以集体活动带动成员学习，提升自己，发展自己；④克服困难，遵守学习纪律；⑤聚焦活动，提升品质。

2月27日下午，来自甘肃陇南一中的许邦兴书记为我们做专题讲座《在名校长工作室的引领下成长》。许书记以陇南一中的发展为例，结合自身的工作案例、专业阅读分享、课题研究等，为我们阐述了他的专业发展之路：从骨干校长到名校长，再到卓越校长。

许书记在讲座中为我们阐述了学生的七大工程和教师的五大工程，促进学校的良性持续发展，同时告诉我们：①参与名校长工作室，为他提供了更高的专业引领和发展的平台；②做一名优秀的校长，要立足本职，以学生为本，注重学生的健康全面充分发展；③专业成长离不开名师指路，离不开自身的学习内驱力；④合理安排时间，规划时间，与书为伍，多读专业书，阅读分享交流；⑤要善于沟通，与上级领导沟通，取得支持，与同事沟通，合作共赢。

2月28日上午，我们聆听了厦门市翔安区教师进修学校教研员郭阿苏园长的《名师成果的优化思考与提炼艺术》专题讲座。郭老师讲道：从点上辐射，向面上拓展，提升育人水平，扩大育人效果；形成有利于实施素质教育的教育治理新机制；构建有特色的课程管理实施，促进学生核心素养发展与综合素质提升的新模式；创建有利于教育工作，学校、教师、学生发展的教育评价新体系；总结提炼可复制、可操作的改革实践成果。打造一批区域教育教学改革品牌，不断增强优质教育资源，提升社会群众的获得感。

郭园长主要为我们分享了名师的成果导向：名师、名作、名品这三个方面。理论联系实际，运用视频、案例等多种形式为我们进行了专业的引领，同时，展示了她的团队发展过程及成果，特别是郭园长的团队工作汇报《研途有你，向阳而生》更让我们明确了如何带好一个团队，以及团队应该如何更好地落实研训修一体化。让工作室的示范引领辐射作用更好地落实，让每一位团队成员的专业能力得到提升。

2月28日下午，海南师范大学王明明博士为我们讲解了《基于学习共同体的工作室运行研究》案例模拟实操。王博士首先为我们明确了什么是学习共同体，接着理论阐述结合工作室案例为我们详细讲述了教师专业发展的模式及工作室的组建流程和考核评价体系的实操。

王博士的讲解让我们更清晰地知道了如何组建并带领工作室成员，建立健全工作室规章制度，创建平等和谐、民主对话的团体成员关系，让工作室真正成为成员发展、提升的平台，充分发挥名师工作室的辐射引领作用。

最美的风景永远在路上！衷心感谢海南省教育研究培训院和中国教师研修网为我们提供培训学习的平台；感谢各位专家不远千里来到海南为我们传经送宝。

珍惜每一次研修机会，在培训中学习着、反思着、收获着，我们将结合讲座内容，自查自省，进一步优化团队发展方略，和团队的小伙伴们一起，踔厉奋发勇担当，勇毅前行向未来！

新培训　　新提升　　新机遇　　新挑战

——小学校长任职资格培训班培训简讯

　　为贯彻落实《中共中央　国务院关于全面深化新时代教师队伍建设改革的意见》，以及教育部等五部门发布的《教师教育振兴行动计划（2018—2022年）》通知精神，进一步加强省小学校长队伍建设，提高小学校长的知识与能力素养，根据省教育厅2018年小学校长培训项目计划，于2018年5月14日举办2018年度小学校长任职资格培训班。

　　本次培训为期12天，开班仪式由海南省教育研究培训院培训部关心凤主任主持。

开班仪式有以下议程：①李立新老师解读培训考核方案。②省教培院副院长做开班仪式讲话。③海南省教师师德师风承诺宣誓。④海南省华侨商业学校书记讲座。李立新老师从培训对象的选拔、培训时间的安排、培训的形式、培训的管理及考核规定等方面对本次的培训考核进行了解读，学员们明确了培训目标，端正态度，调整心态，积极认真培训。

培训班从以下五个方面对学员提出了殷切的期望：①用好这次的小学校长任职资格培训平台，储备能量。②校长的能力和水平直接影响一所学校的发展，我们面临新的挑战。③校长不仅要完成基本的教学任务，还要完成学校课程改革的任务，通过培训，知识能力等方面应有新的提升；要全身心地投入培训，要落实综合学科的课程开设，培养学生全面发展。④培训要系统建构，智力因素和非智力因素都要关注，要以德为先。⑤要学以致用，通过培训，实实在在提高能力。

庄严神圣的海南省教师师德师风承诺宣誓之后，开始了以《学校师德建设：理念与方法》为题的讲座。讲座从三个方面讲了关于学校师德建设。①人文关怀——学校师德建设的基本理念。②因势利导——学校师德建设的根本方法。③规矩制度——学校师德建设的重要基础。

讲座精彩语录摘要：①用心用情做教育，师德不好一切白搭！②教师因热爱而优秀；热爱是一种内心价值的成长；教育的秘诀是热爱；爱，是教师的核心素养。③人文的关怀是爱生长的最好土壤，有人文的地方教师才会有更多的获得感。④关注人的核心需求，找准方法，了解关注需求。⑤因势利导，立信导行。包括充分了解教师工作特点、充分尊重自主调整内心。⑥教师就是要爱别人的孩子，从行动上落实。⑦每个教师的专业素养不一样，要用自己的实践行动去落实，重提信仰，重拾信心。⑧校长要站在教师的立场，不断让教师调整心态，不攀比，学会宽恕别人。

这次的培训，对于我们120位学员来说，是一次新机遇、新挑战、新提升，全体学员聚精会神，认真培训，做好笔记。瞧！培训一个下午就收获满满，期待以后的培训更精彩！

数字化信息技术助力小学语文课堂

本周我学习了国培计划2020年海南省中小学教师信息技术应用能力提升工程——2.0整校推进项目（南片区）。

本次的培训寄语，让我们感受到了培训导师们的亲切和温馨。这次的培训跟以往的培训不同，有一个训前测评，这个测评，开始我以为是上传作业就一直都没做，后来才发现原来是填调查问卷。调查问卷详细地检测了我们的信息技术应用能力及目前的水平。

根据自己当前的信息技术水平，我主要学习了"多媒体教学环境A1技术支持的学情分析"里面的"通史技术让学情调查事半功倍"和"通史了解真实的学生"在线问卷调查在学生测评中的应用以及小学数学基于学情分析的教学目标设计。我本来想学小学语文方面的，但是这个"多媒体教学环境A1技术支持的学情分析"里面没有小学语文方面的内容，希望以后的培训能增加这部分的内容。

我还学习了多媒体教学环境A2"数字教育资源获取与评价"。其中的前四节是"数字化教学资源的收集""教师处理声音的七个小技巧""教育资源收集技巧"及"教师加工图像的八个小技巧"，通过这几个方面的学习，让我在多媒体数字化教学资源的收集和运用方面有了一定的提高。这些内容当中，我最感兴趣的是多媒体教学环境A3"演示文稿设计与制作"，其中"有灵动的演示文稿""走出课堂的课件""在线课件的制作与应用""白板课件制作快速入门"和"教师制作演示文稿的十个小技巧"，还有"利用希沃制作课件"，等等。这些内容的学习让我的演示文稿制作水平也有了一定的提高，在今后的教学当中，我会运用到所学的这些教学演示文稿的技巧，提升自己的课堂教学水平。

我选择的信息技术软件是演示文稿PPT，因为在日常的教学中PPT的运用很多，我们提前做好PPT以后，保存在U盘里，不管是在有没有网络的情况下，都可以应用于教学，有效地辅助教学。

在学习当中，我主要学习了教学演示文稿PPT的艺术化，包括PPT的艺术设计、互动PPT的功能介绍等。另外，这些PPT的双屏显示，不仅为教师的教学带来了便捷性，也给做演示演讲的老师们带来了实用性，我们通常把PPT当作发言稿来撰写，平时在教学当中也会运用PPT来辅助教学，有效地提高学生的学习兴趣。

最后我还学习了"演示文稿的制作""修改以及艺术设计"和"演示文稿的综述"等，这些对于我恰当地制作和运用PPT都有了一定程度的提升。

在学习一节新课的时候，比如古诗，在学习时我首先要制作PPT，从网络上下载一些相关的古诗词的图片，然后运用所学到的多媒体技术进行处理，把这些图片组合起来，插入适当的文字，力争目标明确，重难点突出。在使用过程当中，我尽量插入音频和视频，这样能够有效地调动学生学习的积极性。课堂上首先播放音频或者视频，吸引学生的学习兴趣，然后利用PPT让学生根据学习目标逐项进行学习任务，最后运用PPT恰当地总结，不仅节省了时间，还有效地提高了课堂教学质量。特别是最后环节课堂当堂检测，直接用PPT出示当堂训练的内容，这样学生看着黑板就可以写出答案。在设计的时候，我对PPT答案的显示进行了设置，这样学生做完就可以当堂进行评改，有效地检测了课堂教学质量。

多媒体演示文稿PPT的恰当有效运用，大大提高了学生的学习兴趣，丰富了课堂教学内容，有助于教师更好地完成教学任务。

在制作和运用演示文稿的过程中，我的数字化信息技术应用特别是插入音频和视频的处理技术还有待改进和学习。另外，关于教学内容的设计方面也需要斟酌。

感谢继续教育网为我们提供了本次的学习平台，通过学习有效地提升了我们的多媒体教学应用技术，希望在今后的网络培训中，这些学习内容能够有机会反复多次地学习，让我们进一步熟练掌握。

与单元整体教学一起同行

——观小学语文大单元教学课例《寄情明月》有感

2020年9月23日，期待已久的"单元整合"四地教研活动在三亚第一小学拉开了帷幕，第一节课由卓越教师刘顺泉工作室的指导专家邢翠睿老师进行的大单元整体教学展示课《寄情明月》组诗教学。

这节课分三个模块进行：一是初读感知诗中月；二是阅读探究品月情；三是探月亮识情怀。整节课的流程是：①动画导入，出示古诗；②出示提示，自读古诗；③出示任务单，品月情；④师生汇报交流；⑤迁移阅读，合作交流；⑥展示交流学习成果；⑦教师小结，布置作业。先画导入，出示要学习的四首古诗，让学生自由读古诗，接着出示学习任务单，品月情，此处分4个环节：找月—品月—思月—读月。整节课要学习四首古诗，对于我们没有接触过大单元教学的老师来说，难度确实是很大的。邢老师先教给学生学习古诗的方法，找月、品月，抓住其中的思月、读月，精讲《宿建德江》，带领学生理解诗意，领悟诗中表达的感情，并抓住诗中精彩的句子"野旷天低树，江清月近人"进行范例教学，让学生对整组诗的学习有方向有目标，要求学生抓住表达人物情感的诗句自主学习三首古诗。这样有扶有放，重点突出，达到了以一代多、触类旁通的大单元教学效果。

再说学生的学习活动：迁移阅读，运用学到的方法合作学习另外三首古诗。先小组内交流喜欢的古诗，为减轻学习的难度，教师给出了阅读提示和任务单，让学生按任务单的要求自主学习，充分发挥了学生的学习自主性，将教师教的学习方法迁移训练，合作探究学习，自主交流展示学习成果，进一步培养了学生自主学习的兴趣。就好比树上结的果实，学生跳一跳就能够拿得到，尝到果实。这种教学模式让学生对课堂有一种获得感、自豪感、幸福感，使他们乐学、善学，交流汇报时学生有自信，有话说。既习得了方法，又锻炼了思维表达能力，还培养了学生的审美情怀，从而爱上单元整体教学，爱上语文学习。我想这应该就是大单元教学的魅力所在了。

关于大单元教学，省小语教研员王琴玉老师这样说：大单元教学，要基于学情实施大单元教学，教师首先要抓牢学生的阅读，提高学生的朗读、识字写字的能力及阅读的能力。这节展示课为我们初步梳理出了关于古诗文的大单元教学策略：朗读古诗、理解诗意（借助写作背景）、体会诗情、迁移写作。

"听君一席话，胜读十年书。"的确是这样的，大单元教学，在有些省份已经推行得如火如荼，但是对于我们海南小语人来说，这是一项新目标、新领域、新任务。只有不断地学习探究，借鉴积累，才能有所收获，才能更好地在课堂中实施大单元教学。

拧成一股绳，搏尽一份力，狠下一条心，共圆一个梦。相信我们在特级教师、省学科带头人刘顺泉校长的带领下，阳光语文工作室全体成员充分发挥团队精神，在大单元教学这个领域上，一定会走出一片新天地。

不忘教育初心，牢记育人使命

——我与"讲坛"共成长

"未成年人道德讲坛"走进陵水黎族自治县中山小学已有9年了，每次聆听，都深深地触动着师生们的心灵，激励我们向善向美，努力向学，蔚为国用。

2021年3月23日下午，海南省文明办、海南省教育厅、陵水黎族自治县委宣传部、陵水黎族自治县文明办、陵水黎族自治县教育局等单位联合主办的以"我与海南自贸港"为主题的未成年人道德讲坛巡讲活动在陵水黎族自治县中山小学开讲啦。我校领导及五年级师生、家长500多人在学校广场参加了这次活动，王海童老师做了《我与海南自贸港》主题演讲。

王老师立足新时代背景，讲解了什么是自贸港？作为一名学生，我们扮演什么样的角色？我们应该怎么做？引用王淑梅老奶奶的故事告诉孩子们要讲诚信；用万佐成夫妇爱心厨房的事例告诉孩子们要做个有道德、有爱的人……王海童老师运用语言艺术、背景音乐、以例说德、观看视频、现场互动等方式，深入浅出地讲述了树立正确的人生观、世界观与价值观的重要意义，把理想信念、品德修养、感恩孝道根植于学生心中。

由于这次活动紧贴实际、鲜活生动、寓教于德、寓教于情、滋养学生思想、振奋学生精神、激励学生树立理想，为海南自贸港建设而努力学习，所以3月26日下午，学校又一次邀请"讲坛"入校园，对三、四年级学生进行了宣讲。一周内两场宣讲活动，学校师生1500多人参加了"讲坛"。作为德育副校长的我，也被深深地感动，随着王老师的演讲而热血沸腾，激动不已，热泪盈眶。

活动结束后，留给我深深的思考：作为学校德育副校长，除了努力落实立德树人根本任务、提升学校德育工作之外，我又该怎样为海南自贸港的建设而努力呢？思来想去，还是做我的老本行——立足本职工作教书育人。于是，我主动向学校申请担任五（1）班班主任、语文和道德与法治教学工作。为海南自贸港建设添砖加瓦，我努力做到了以下几点。

一、以语文教学为基地，渗透德育，学科育人

作为五年级语文教师，我以语文学科教学为基地，渗透德育教育。结合教材内容，在语文教学中渗透德育教育，例如，我在教学统编版五年级下册语文第四单元时，该单元的主题是爱国和责任，所编排的是《青山处处埋忠骨》《军神》等具有爱国主义思想内容的课文，我以单元导语为主线，以大单元教学方法进行教学，让学生在整体感知、比较学习中感受爱国主义责任感、使命感，通过研读课文内容和写读后感的方式增强学生的爱国主义精神，学生学完本单元之后纷纷立志长大要报效祖国。我还精心设计每一堂道德与法治课，让学生在学习中体会到做人做事的道理，培养良好的品质。

作为省级小学语文骨干教师，我努力钻研教材教法，主动上公开课给老师示范引领如何在学科中渗透德育，近三年来执教省级公开课及讲座10多次；用新课改理念丰富课堂教学，引导教师质疑、探究在学科中落实德育教育；在课堂上调动学生的学习积极性，使每一个学生都学有所得，尝到成功的喜悦。

二、以班主任工作为抓手，践行博爱行仁育人理念

作为五（1）班班主任，我非常重视课堂育人。认真备课，撰写主题班会教学设计，充分发挥以学生为主的课堂教学，对班级孩子进行养成好的行

为习惯的引导和教育。英国哲学家罗素说过："爱是一缕金色的阳光，凡缺乏爱的地方，无论是学生的智慧还是品格都得不到充分或自由的发展。"作为德育工作者更应该是一个播种阳光的人，我用关心、信任和激励，把阳光的种子撒进学生的心田，将德育工作内化于心，外化于行。

我经常深入班级和学生谈心，了解学生的思想动态，及时为孩子们进行心理健康疏导，排忧解难。这学期开学初，我发现学生谢成旭上课经常搞小动作，下课不爱和同学们相处，并且穿的衣服两三天也不换。我利用课余时间和谢成旭谈心，询问他近期变化的原因，谢成旭始终低着头不说话。经过我再三耐心的沟通，孩子才说他爸妈离婚了，自己跟爸爸一起生活，平时不回家，在校外托管。了解了原因，我鼓励他好好学习，有什么困难和想法要及时告诉老师。我也去了谢成旭校外的托管机构，让生活老师多关注这孩子。在班级，我引导同学们谦让、帮助谢成旭。我又联系了科任老师，及时发现该学生的闪光点，多表扬、多鼓励，树立谢成旭的学习信心。经过两个星期的努力，这孩子课堂上专心致志，课下也和同学们玩在一起了。现在只要是我的课，他准会提前跑去办公室，要帮我拿教学用品。看着谢成旭的变化，我由衷地笑了。

在"双减"背景下，我组织开展各种班级活动丰富孩子们的校园文化生活。同学们全员参与，在这些活动中得到了全面发展。语文书法大赛锻炼孩子们的耐心和一丝不苟的态度；讲中山故事培养孩子们口语表达能力和表演能力；班级拔河比赛提升班级凝聚力、团结协作能力。印象最深的是我班级中的吴欣怡同学（是一位建档立卡学生），她在足球比赛中摔倒了，又忍着痛爬起来准备继续踢球，我让她下场让替补上，吴欣怡揉揉腿说："任老师，我还可以坚持，让我继续踢球吧！"就这样她坚持踢完了球赛。在活动中同学们的奋勇拼搏、顽强不屈、坚持不懈的运动精神得到了充分的展现。

我几年前教过的学生邱远航现在上高一了，他的作文《我的老师》，写的还是我当时是如何引导他积极上进的。当时，邱远航妈妈把孩子写的作文发给我，并告诉我："任老师，您对孩子的影响太大了，孩子至今对您印象深刻！作为家长，真的很感谢有您这样的老师教他们！您看您什么时间有空我请您吃顿饭表示感谢！"我回复说："很高兴孩子还记得我，很荣幸能和孩子度过五六年级的小学生活，这是我应该做的，吃饭就不必了，孩子能够学有所成是给我最好的感谢！"

经过我的努力，我所带的班级多次被评为校文明班级、示范班级，辅导的学生也多次获得县级以上奖励。

三、以副校长工作为契机，落实立德树人根本任务

作为德育副校长，我努力营造环境育人。创建绿色生态文明校园，在校园内增加花草盆栽扩大绿地面积；设置宣传栏40多处，进行防溺水、交通安全、双创、社会主义核心价值观、防校园欺凌、心理健康教育等宣传；设置未成年人道德建设宣传专栏，张贴各班级三好学生和好少年先进事迹，同学们在校园内活动时观看宣传栏，达到环境育人的德育效果。德育教育润物无声，潜移默化间影响着学生的成长，以博爱行仁塑造着学生的灵魂。

2020年3月，全校师生共为湖北五峰实验小学捐款119963.79元。在全校师生的共同努力下，学校近三年获得20多项县级以上德育荣誉：2020年学校被评为教育部首届一校一案落实《中小学德育工作指南》典型案例学校、第二届全国文明校园等荣誉称号。我本人近三年获得30多项县级以上荣誉：海南省骨干教师、海南省小课题指导专家、陵水黎族自治县"优秀校长"等；撰写德育论文《新时代中高年级落实劳动教育实践研究》发表在海南省《新教育》刊物上；主持海南省教育科学规划专项课题已结题并获得良好成绩。

四、以海南省卓越班主任工作室为平台，辐射德育工作，提升育人实效

"我与海南自贸港"未成年人道德讲坛活动时刻影响、激励着我不断努力。2021年8月我成功申报海南省小学卓越班主任工作室，自此，我以卓越班主任工作室为平台，聚焦班主任工作，辐射德育工作，提升育人实效。带

领工作室成员进行课题研究，解决班主任工作中的困惑；组织了多次班主任专业能力提升集中培训和网络研修，提升班主任综合素质，提高班主任德育工作能力；引领辐射四个市县少先队辅导员、德育副校长、班主任等德育工作者约800人；创建卓越班主任工作室微信公众号"智慧班主任"，现已有500多人的关注量，把工作室的培训内容及课件视频等上传到公众号，供省内外德育工作者随时观看学习；微信群定期进行"智慧班主任三十六计"网络研修，针对工作室成员在班主任工作中的困惑进行在线研讨答疑解惑。

我与"讲坛"共成长，不忘教育初心，牢记育人使命。在今后的工作中我会更加努力，为陵水教育事业的不断提升、为助力海南自贸港建设培养优秀人才和合格建设者而奋斗。

得遇恩师益终生

今晚，我想写一写我的恩师。先说一说我吧！我是一所小学的老师，23年教龄了，来海南10年，这10年中，有8年是在恩师的指引下度过的。

一、相识

2011年，可以说，在这之前我从没有想过自己还会漂洋过海来到海南教书。本来在家乡教得挺好的，一所村级小学的毕业班语文老师、班主任兼教导主任。因为爱人研究生毕业被聘到海南陵水，我也就随迁到陵水黎族自治县椰林第二小学了。刚来海南，人生地不熟，语言沟通也不畅。当时的海南陵水还是国家级贫困县，教学成绩更是在全省乃至全国倒数。孩子们基础差，品行差，生活习惯也不好。最主要的原因是家长对孩子的教育根本就不管，每天都是嚼槟榔喝老爸茶，过着所谓的海南慢生活。看着孩子们的学习态度和学习成绩，我心里着急呀！学生不写作业，我就放学留下来陪他们写，一边写一边指导。可是我一个人的力量又有多大呢？过不多久就有老师说我这样做家长们意见很大，耽误孩子回家吃饭，还有的说要到教育局去告我，因为规定不准补课，我放学却给孩子补课，等等。天啊！不准补课是针对有偿补课，我又不收费，完全免费义务工作，而且就算我不补课，孩子们还不是放学在校园玩到吃饭时间才回去？我得转变家长的观念。于是我多次召开家长会跟家长沟通，有了一定的效果，慢慢地，两年下来，这个班的语文成绩从平均分35分到45.5分再到60.8分，后来一走进班级就能看到孩子们坐在教室里看书的看书写字的写字，我感到很欣慰。

面对这种教育现状，仅仅我一个人的努力是不够的。2013年，正好海南省教育研究培训院发文推选省级骨干教师，我就报了名，在杨孚城校长的推荐下，我很荣幸地结识了关心凤老师，并很幸运地成为小学语文卓越教师关心凤工作室的成员，成为关老师的弟子之一。自此，我在教育生涯中遇到难题时师父总是能为我指引迷津。

二、传道

2014年10月，我申报了工作室的公开课，师父就和滨海九小的冯珺老师、魏敏老师等几位小语界的精英给我磨课。第一次磨课的时候，我撰写的教学设计完全被否定，老师们认为这种设计只是一般的授课，没有新意。后来经过大约4次磨课，终于才形成定稿。在这几次的磨课中，师父从听课到定稿，包括上课的姿态语气，等等，一直都在很详尽地指导我。这几次的磨课，让我感受到师父的教学态度和工作是多么严谨。我真的是"十二分"的佩服。2014年10月12日那堂课，面对全省的小语界大咖、学科带头人和骨干教师共500多人，我没有怯场，但是在处理学生读音不准的这个环节中我的教育机制还不够，导致了拖堂差不多5分钟。下课后我心里懊悔极了，眼泪在我的眼眶里打转，因为我是代表师父工作室的团队来上的这节课，师父对我寄予了很大的希望，而我让她失望了，她却没有责备我。之后，我又带着这节课送教到定安，这次我完美地呈现了这节课……

2015年10月，师父带我们去上海参加省外高端研修，说来不怕大家笑话，那是我长这么大第一次真实地看到航站楼，第一次坐飞机，第一次去除了河南、海南以外的地方，我的眼里、心里全部充满了好奇，我一定好好学习，不辜负这次培训。黄浦江、地铁、东方明珠……学习之余，我和几位同事一起领略了上海的社会文化……视野开阔了，人生目标也就随之提升了！后来，学校再派我去其他省份培训学习，也就能平常心对待了……

三、温暖

2016年9月29日的乐东尖峰论道。工作室的成员每人都要汇报自己的学习感悟和心得体会,当时我已经是椰林第二小学的教导主任,因为工作繁忙,就没有用心地去准备,汇报会上,作为师父工作室的秘书之一,我没有出彩。我明显看到了师父的失望。可以说2015、2016这两年,我在专业技术上基本是原地踏步走。师父也很挂念我,经常打电话问我在忙什么,我总是忙于工作、迎接各种检查、做各种材料……那天汇报完毕,其他的成员都在和师父讨论专业知识问题,而我却和另外几位省骨干去了海边……师父打电话找我,因为坐别人的车,我没能立即回去,现在想来,还是很惭愧。那段时间,本该在学科专业上奋斗的年纪,我却选择了逃避!尖峰论道结束已是下午4点多,我不敢去跟师父道别,因为我不知道该怎么面对师父对我的关心。到三亚车站时已是晚上8点多,我一个人提着行李在三亚车站的候车室,看着和我一样等车的人,他们三三两两一边吃着零食一边有说有笑……此情此景,我忽然悲从心来,孤独的城市,陌生的人群,我又该何去何从?眼泪再一次蓄满了我的眼眶……这时,我的电话忽然响了,我一看是师父,急忙接听:"学勤,你到家了吗?吃饭了吗?"熟悉的嗓音、温暖的叮咛,我的眼泪一下子决堤了……我哽咽着跟师父通完话,拿出纸巾,默默地痛哭了一场……陌生的城市里,还有师父挂念着我,我暗暗地下定决心:我再不能让师父失望了!后来,只要我在教学中遇到困惑,师父总是不厌其烦地指导我、帮助我。我还记得师父送我的第一本专业书籍是《教语文其实很简单》,至今我也经常阅读,并学以致用。

四、感恩

2017—2019年,在师父的引领和指导下,我参加了学科带头人培训,继续参加省骨干培训,主持了课题研究,在专业素养方面比以前进步了很多,顺利通过了高级职称答辩,取得了高级教师职称。这三年,我也用自己的专业和经验指导帮助了一些青年教师。可以说，没有师父，就没有我现在的职业生涯！师父，您就是我人生道路上的明灯，指引着我不断向前！感恩遇见，感谢有您。漂洋过海来，茫茫人海中，我何其有幸，得遇恩师益终生。

漫漫人生书相伴，文化盛宴在新华

在我国，无论在哪个城市，无论城市的大小，人们都能找到一处文化荟萃、书香飘逸的地方——新华书店。新华书店是我国文化传播的摇篮，是人们文化提升的宝地和文化休闲的港湾。从小至今，新华书店一直是我经常光顾并且流连忘返的地方，在这里嗅着书香成长、看着文字感悟，我和新华书店在今生结下了不解之缘。

记得小时候每一次赶县城庙会时，爸妈就会给我几块零花钱，我就约好同村的几位小伙伴一起欢天喜地去逛庙会。听了一会儿大戏，看了一阵儿热闹，买了一点儿零食，我们几个就到街上闲逛，走到新华书店时我们就进去玩，当时只是懵懵懂懂地感觉到这是一个很圣洁、雅致的地方。我们在外边时像小麻雀一样叽叽喳喳地说个不停，但是一到这里我们都闭上了嘴巴、屏住了呼吸，徘徊于柜台前睁大眼睛寻找自己喜欢的图书。当时我们的文化水平有限，太深奥的书看不懂，最后大伙儿都不约而同地聚集到连环画册的柜台，久久不愿离去。连环画只有大人的巴掌大小，封皮是彩印的，内容是黑白的，上面占去大部分的空间是一些白描的图画或者拍摄的照片，下面是一些简短的文字说明，一般售价在一两毛钱。临走时我们几个都买了连环画，薄薄的几册连环画令我爱不释手，拿在手中攥得紧紧的生怕它们飞走了，心里美滋滋地乐开了花。从那以后，进城时我就经常到新华书店买自己喜欢的连环画，回家后就和小伙伴们相互分享，交换着看。我从岳母刺字的故事中读到了精忠报国；从大禹治水、精卫填海的故事中读到了自强不息；从牛郎织女的传说中读到了美好的爱情……正是通过新华书店，我爱上了读书，在幼小的心灵中播下了与书为伴的种子。

后来我到了县城乃至省城读书，虽然学校内部有图书馆，但新华书店还是我经常光顾的地方，不仅因为新华书店提供了最新的图书，还因为在新华书店可以站在书架旁便捷阅读，甚至还可以更舒适地坐下阅读。所以每到周末或者闲暇时刻，我常常骑车或坐公交去逛新华书店，在那里能感觉到自己的身心得到放松和愉悦。从刚开始看教辅用书到阅读自己本专业的书，自己的阅读面也慢慢地宽了，徜徉于书海中，我心里怀着一种无比的敬仰与作者进行着思想上的交流，窃喜着一种获得感与莫名的感动。当然在这里阅读比较匆忙，不可能从头到尾一字不差地细细品味，我一般先阅读目录，然后再把自己感兴趣的章节多看两眼。在新华书店总感觉时间过得太快太快，直到饥肠辘辘的时候，方知不得不离开了。我从《钢铁是怎样炼成的》中读到了理想信念对个人和社会的重要性；从《苦难辉煌》中读到了中国共产党人的英勇顽强、不怕牺牲；从《轮椅上的梦》中读到了要磨炼意志、砥砺自我……上学期间正是一个人打好基础、储备知识、积蓄能量、励志前行的时候，书到用时方恨少，腹有诗书气自华。著名作家冰心说过："读书好，好读书，读好书。"正是通过新华书店，我的专业素养得到了提升，我的思想得到了锤炼。

再后来我参加了工作，但我仍然感到生活中离不开书籍，自己不仅需要读自己本专业的书，还要读社会这部厚重、鲜活的书。新华书店始终像一块磁铁一样吸引着我前往，那里依然是我心目中的一方乐园。对我来说，新华书店就是一个巨大的资源库，我到里面可以借鉴到专业成长的成功经验；可以了解到健康养生的科普知识；可以感受到文化市场的发展动态；可以触摸到社会生活的敏感神经……在新华书店里，我心里感觉那种精神的丰盈与享受是物质的满足所无法给予的。阅读着脍炙人口的美文佳作，感悟着自然风情和人间百态，不断构建着自己的知识结构和身心和谐，感觉世界是那么广阔、内心是那么充实、精神是那么愉悦。读书既要走进去，也要走出来，要读活书、活读书、读书活。在这里魏书生传授了我要热爱教育、提高效率，学会管理好自己的时间；老子启迪我思考"道法自然"的妙处；林语堂向我讲述了旷怀达观、陶情遣兴的生活方式和快意人生……不同的阅历、不同的人生阶段读书的感悟也各不相同，所以张潮说"少年读书，如隙中窥月；中年读书，如庭中望月；老年读书，如台上玩月。皆以阅历之深浅，为所得之深浅耳"。通过新华书店，我的视野得到了开阔，书籍为我开启了一扇迈进知识殿堂的大门，为我插上了翱翔于精神世界的翅膀。

新华书店，你是一个梦想升起的地方、一个淬炼心智的地方、一个休闲静心的地方、一个思想升华的地方、一个快乐成长的地方、一个收获希望的地方。提升人生书为朋，新华书店伴我行。

埋头走路也要抬头看路

——听汪教授《高质量发展赢在中层》讲座有感

今天听了一场很实在、受用的汪教授的关于干部管理学问的讲座，下面我结合汪教授的讲座谈一谈作为学校中层领导对干部管理的几点认识。

关于管理：管理是一门学问。个人觉得作为校领导，首先自己要以身作则。不管是教学还是德育或者安全、后勤工作等，只要处在中层岗位，是自己分管的、分内的工作，尽量都要亲力亲为，给其他老师做榜样。然后在执行的过程中要和其他部门成员配合好，同心协力，共同把这件事情做好。最后还有一点就是要舍得放权，要相信自己的同事能把这件事情做好，如果实在做不了的，再进行指导，一起努力把这件事情完成。

关于教学：作为校领导，不管是在管理岗位还是在教育岗位，请记住永远不要放下自己的专业知识。学校管理有可能只是暂时的，但是学科专业知识才是自己在学校赖以立足的保障。

关于学习：一定要终身学习，不断进取。学习管理知识的同时，也要学习专业知识，学习为人处世的道理，要虚心听取其他同事的意见和建议。学习让自己与社会、与自己、与他人和解的能力。不断地学习才能开阔眼界，更新自己的理念，未来的道路才能更宽阔。

关于生活：作为中层干部要兼顾自己的家庭生活，不能为了工作什么都不管。在学校就认真、积极、努力地工作；回到家里要及时地帮助家人，做家务、照顾孩子和老人等，家里人的支持是我们坚强的后盾。只有和谐幸福的家庭生活，才能够保证自己良好的心态，才能够有更充沛的精力去工作，才能够提升自己工作的幸福感、获得感。

"师者如光，虽微致远"，作为学校的一分子，要做学问、有主张、能担当、守底线、办好事、说好话、知进退、懂感恩、勤学习、出成果、建主场……总之，做事先做人，用心用情勤恳工作，但问耕耘，静坐常思己过，闲谈莫论人非，不"躺平"不"摆烂"，埋头走路的同时也要抬头看路。

向下扎根，向上生长

——阳光语文网络读书感悟

很荣幸加入阳光语文大家庭，在刘校的带领下，我们每天成长着、快乐着、阳光着、幸福着。接下来我跟大家分享一下我读《不做教书匠》第一章"做一名有方向感的老师"的感悟。

书中讲到一个人有很多种活法，归根到底就是精神立身或富贵立身。在教师这个职业上发财是不可能的，既然已经选择了教师这个行业，我们只有努力在精神的境界里丰富自己，把教师这份职业当作一份事业，你会很投入、很专心，如果把教师只当作职业来做，我们会有职业的倦怠感，就会"躺平"。所以，做教师要有方向感，找准自己的坐标，想清楚自己要做一名怎样的教师。读完了这一章，我认为做一名有方向感的教师，第一必须认定目标，不断朝着认定的目标努力，最美的风景在路上，要有行动力。第二是心动就要行动，特别是在每一次的业务培训和学习之后，听了专家大咖们的精彩讲座，心中多少会有触动。培训结束之后就要行动，不能在培训学习时激动、心动，培训结束以后"一动不动"。第三要有名师指路，在个人专业发展的路上，有名师专业的引领，你会事半功倍。读万卷书不如行万里路，行万里路不如阅人无数，阅人无数不如名师指路。在教育之路上，有名师的指引，你会走得更快、更远。比如做课题，在刘校的引领下，我们课题组成员每个人都知道了怎样做课题，如果没有刘校的示范引领，我们的课题研究之路不可能走得快。左拉说："生活的道路一旦选定，就要勇敢地走到底，决不回头。"希望我们每一个人都努力学习，勤奋工作，快乐生活，让我们的教师生涯向下扎根，向上生长，更阳光，更精彩。

纸短情长，道不尽的培训感悟

——2018年海南省边远乡村教学点小学语文教师 培训学习心得体会

2018年7月10日，我们来到海口富林生态酒店，参加由省教育厅主办、琼台师范学院承办的为期10天的2018年海南省边远乡村教学点小学语文教师培训。

下面我就跟大家分享我来这里学习的原因和这3天培训的收获和感悟。

当看到这份培训文件的时候，我并没有想到学校会派我来，因为我是省骨干教师，我们学校虽然在农村乡镇，是中心校，但是2017年已经被划分为县直属学校。所以，接到培训通知，我有点意外。校领导说是按照县继教中心的安排，我和另外几位县直属小学的骨干老师一起，是带着任务去学习的，好好培训，好好学习，回来以后学以致用，示范引领，为没能来参加培训的边远乡村教学点的老师送教。所以，我就很荣幸地来参加2018年海南省边远乡村教学点小学语文教师培训。虽然住宿在环境优雅的生态酒店，但是我的心情并不轻松。

7月11日下午，何勤科长主持了2018年海南省边远乡村教学点小学语文教师培训开班典礼，并为我们介绍了参加典礼的来宾。

接着邢满主任为我们明确了语文在今年高考中的地位，并让我们牢记，语文是长期积累的过程，教师要保持终身学习的理念，并且她还告诉我们，这次的培训有一个主题是田园课程，很接地气，符合乡村教学点的校情学情，有兴趣的老师可要认真听了。我对这次的培训充满了期待，更是对田园课程这个名词，充满了好奇。

开班典礼仪式上，万力维（琼台师院）副校长，向我们介绍了琼台师院的发展史。说实在的，来海南8年了，很多次听到过琼台师院的大名，但只知道地址在海口，具体开设哪些专业等情况一概不知。万校长的介绍刷新了我对琼台师院的了解和认知：琼台师院是我们海南教育界的主力军之一，为海南教育界培养了大批的中小学教师，是一个令人向往的学府。

听了万校长的介绍，我心里忽然就有了一丝冲动，想让自己的孩子报考这所学校，万校，您说您的宣传魅力大不大呢？万校又对我们全体培训学员提出了两点要求：第一，人到心到，出满勤，认真听；第二，求新求变，用教师的变化带来学生的变化。

班主任钟淑杯教授对我们全体学员寄予了几点期待：第一，出行注意安全；第二，生活要有保障；第三，学习要到位；第四，学员们要和谐共处。第一天的培训开始，为期10天的培训拉开了序幕，期待我们每一位学员都能学有所获，学以致用。舞台已经搭建好，期待学员们在培训中、在与专家的交流中，碰撞出思想的火花。

开班仪式结束时，何勤科长做了特别说明：第一，这次的培训，是省教育厅实施的教育惠民政策之一；第二，我们学习，考勤是扫码签到，比以往的培训更先进；第三，送训团队是小语界、教育界的名师大咖，可见主办方对这次培训的重视；第四，培训结束每位学员要完成一定的作业进行考评。

7月12日上午，黄良师老师的讲座《信息技术在教学中的应用》，让我们这130多人的团队成员，对手机的功能和现代信息技术有了更多的认识。老师讲得津津有味，我们学得兴趣盎然，也收获满满。

7月12日下午，我最敬仰的海南省小语界泰斗——关心凤主任，为我们进行了《乡村学校田园课程顶层设计规划》的初步解读，让我对田园课程充满了好奇和困惑。可以说，关主任的讲座，我每一次听都是心潮澎湃，热血沸腾。关主任从田园课程的缘起、什么是田园课程、田园课程的理念、田园课程的框架、田园课程的实施五个方面，为我们揭开了田园课程的神秘面纱。

听完了讲座，我的笔记记了七八页；照片拍了90多张，想留住田园课程每一分钟的美好！怕自己忘记了，我把这些经典的照片做成了电子版的纯图片学习笔记，以便保存。日日行不怕千万里，常常做不怕千万事。关于田园课程，我很感兴趣，希望能有机会去尝试。我来自农村，是地地道道的农村人，从小就跟着家人下地干农活，父母亲为了鼓励我们参加劳动，曾在我们姐弟几个干农活的时候讲了很多有趣的故事和很多关于农作物的知识，比如狗尾巴草和稗草的区别等。那时候小小的我们，对这些知识可感兴趣了，常常忘记了劳动的艰辛，我们沉浸其中，受益匪浅，喜欢跟家人一起种花种草种菜，其乐无穷。身为农村出身的乡村教师，我有什么理由不好好利用乡村学校现有的有利资源尝试实施田园课程呢？

杨艳老师的讲座《乡村小学小班化课堂教学模式》让我们明确了乡村教学的方向：乡村小学及教学点，有场地，有教学模式，教师只要大胆尝试，用心用情做教育，相信乡村学生的综合素质会有很大的提升。7月12日下午的主题研讨，现场氛围热烈，学员们各抒己见，对这几天的学习感悟与困惑，纷纷畅所欲言。

这次的边远乡村教学点教师培训名额有限，感谢陵水黎族自治县继教中心的领导对我的信任，感谢你们给我这次参加培训的机会，我会珍惜，好好学习。

美好的时光总是短暂的，这三天，我们学习着、思考着、收获着……未来已来，精彩继续！期待以后几天的培训更出彩！也相信我们每一位学员都学有所思、学有所悟、学有所得、学以致用。

拓展研修

附录

立足课题研究，促进专业发展

——省级课题"小学语文高年级课堂导入的有效策略"开题报告简讯

　　为进一步促进自身的专业成长，充分发挥省级骨干教师的示范带头作用，陵水黎族自治县中山小学任学勤老师在团队成员万娇珠（教学副校长）、邓丕珉（省级骨干教师）、陈飞燕（语文高年级级长）、陈红（语文高年级备课组长）的共同商讨下，确定了"小学语文高年级课堂导入的有效策略"课题，申报2018年省级专项课题，并通过了立项。

　　2018年11月24日，陵水黎族自治县省级立项课题开题暨小课题研究培训活动在民大附中陵水分校香水湾报告厅开展。县教研室刘栋主任主持了活动开幕式，教研员黎丽萍主持了开题报告。海南省教研培训院课题规划办主任谢炜、县教研培训中心主任杜帆、副主任郑绪国、教研室主任刘栋、县教研培训中心部分教研员、各中小学分管教学的副校长及申报课题主持人及课题组成员约100人参加了本次活动。

　　中山小学"小学语文高年级课堂导入的有效策略"课题组成员也参加了本次的开题报告。开题报告会上任学勤老师针对本课题的研究内容、研究目标及预期达成的成果等方面向与会专家及老师们进行了阐述。

　　任学勤老师对专家评委的提问进行了答辩。专家评委贾兴丽（北斗小学校长、省科研骨干、省卓越校长）针对任学勤老师的开题报告进行了点评并给出了有针对性的建议。她提出本课题的研究内容理论依据不充分，应结合自身的专业发展，比如读写结合课例等方向进行研究，或者从本课题中另辟蹊径，才能有所创新和突破。任老师对专家评委的建议表达了感谢并虚心接受。

中山小学"小学语文高年级课堂导入的有效策略"课题组成员合影。该课题组成员由学科教学领导、业务骨干及省级骨干教师组成，团结上进、与时俱进、业务精湛，为本课题的实施完成提供了可靠的人力保障。

开题报告已经结束了，结束是为了更好的开始，接下来是为期三年的课题研究落实。"路漫漫其修远兮，吾将上下而求索。"

一个人走得很快，一群人才能走得更远。我们课题组成员一定会认真实施该项课题的研究，在课堂教学中锻炼自己，成长自己；在课题研究中发展自己，提升自己，做好教书匠，做实小课题。

全国第126期家庭教育讲师暨家校共育
研修班培训学习纪实

2019年8月5日，我们海南陵水团队一行8人跟随全国家庭教育讲师季淑华老师来到美丽的雪域圣城——拉萨，参加全国第126期家庭教育讲师暨家庭教育研修班培训学习。

我们忍受着高原反应（头痛、胸闷、气短等），开始了为期一周的培训学习。第一节课，季老师送我们每人一本书——《不输在家庭教育上》第三十一卷。

季老师的讲座真的很精彩，让我们受益匪浅。来自全国各地的家庭教育志愿者，讲师座无虚席。新疆的知名家庭教育高级讲师马喆老师的讲座，让我们深思：家庭教育是一项艰难而带有艺术性的教育！良好的家庭教育是孩子人生成功的一半。在马老师的带领下，每个人都是那么专注、认真。

区域落地式家庭教育分享会，我们聆听了来自内蒙古、新疆、黑龙江、河南等省市8个团队的家庭教育经验分享，明确了如何落实家庭教育、如何在学校实施家庭教育等内容。

互动环节，胡娇雁校长就区域落地式家庭教育改革经验与各位家庭教育专家讲师研讨交流。

晚课时，各代表团队谈学习收获分享及联欢。季老师为我们分享，说到动情处，潜然泪下。

随着我们团队的诗歌朗诵《爱与梦想》晚课进入了高潮。

海南陵水团队以一曲《久久不见久久见》结束了晚课活动。感恩家庭教育，我们因爱相聚。心中有信仰，行动有力量！感恩家庭教育的领路人季老师，让我们相聚在雪域圣城，一路同行，做家庭教育的志愿者、践行者。家校结合，共同为孩子们撑起一片蓝天！

提升学校课程领导力，把握课程体系建设

——海南省2018年小学校长任职资格培训（第四组）简讯

5月20日早上，伴随着一曲《久久不见久久见》，我们迎来了山东省基础教育课程研究中心李红婷主任（齐鲁师范学院教授、博士），今天上午她将为海南省2018年小学校长任职资格培训班全体学员进行专题为《学校课程领导力与课程体系建设》的讲座。

讲座伊始，李博士先提出"校长应不应该上课"这个问题让我们思考、讨论。学员们各抒己见：有的说校长应该上课，只有上课才有说服力；有的认为校长不应该上课，应该站在领导者管理者的角度来工作，如果学校是中心校，同时管理几所学校，校长的精力有限；有的认为校长如果不上课，评定职称时就没有优势，还有的认为校长应该上课，但是不能上主科，要给全体教职工上关于学校发展理念等方面的领导课程，或者上其他副科。

李博士为我们亮出了她的观点：校长上不上课要因人、因校而异。比如魏书生，对课程很熟，课堂驾驭能力也很强，可以管理、上课双管齐下。

李博士又提出核心素养与素质教育与三维目标的关系是怎么样的？让学员们带着对问题的思考进入今天的讲座主题《学校课程领导力与课程体系建设》，用具体事例阐述课程领导力及其内涵。

下午，李博士为我们做《学校课程实施取向与优质课堂建设》的

讲座。李博士与学员互动，亲自为我们示范模式建构的重要，特别强调了创设情境、建立模型、模型识别、模型再认。

久久不见久久见，美好的时光总是短暂的，一天的培训学习结束了。李博士的讲座，理论结合实际案例，让我们明确了自身的职责和发展方向，在学校课程领导力与课程体系建设中，要充分发挥自己的能力，把握好学校课程实施的取向与优质课堂的建设，为办好海南均衡、优质的教育而努力！

一起研修，一路春暖花开

——国培计划（2022）海南省市县名校园长和名师
工作室实施团队培训结业仪式

尊敬的海南省教育研究培训院中国教师研修网的各位领导老师，在座的名校园长、名师工作室主持人和核心成员，大家好！我是陵水黎族自治县中山小学的任学勤，海南省小学卓越班主任任学勤工作室主持人，首先感谢海南省教育研究培训院和中国教师研修网为我们提供学习研究和交流的平台，其次感谢班主任陈老师的信任和鼓励，让我做代表发言，接下来和大家分享这几天的学习感悟，有不足之处敬请批评指正。

我分享的题目是《一起研修，一路春暖花开》。为着一个共同的追求，2022年2月27日，我们相聚海口，在春暖花开的日子里赴一场研修之约。这三天我们一起学习、反思、交流、成长着，聆听了省内外专家的专题报告为我们的专业素养增效赋能。许教授的《在名校长工作室的引领下成长》专题报告以陇南一中的发展为例，今昔对比，为我们讲述了一位校长的专业发展之路，让我们明白所有的成功都不是偶然，要努力向下扎根、向上生长，立足本职全身心地投入学习和工作；郭园长的专题报告《名师成果的优化思考与提炼艺术》，从成果导向、成果视角、成果的归纳提炼和名师工作室经验分享四个方面，为我们指明了工作室的成果可以从哪些方面入手，找准目标，有的放矢，让工作室的成果效益化、提高品质；王教授的《基于学习共同体的工作室运行研究》更是为工作室的组建与可持续发展指引了方向；黄教授的《教师专业成长工作室考核：反思与善治》，从教师专业成长的反思、教师工作室的考核评估、教师工作室的善治举措三个方面，以专业理论为引领，以具体的制度保障为抓手，告诉我们要学习相关的管理理论，改变思维，转变思想，更好地带领、管理好工作室团队。刘教授深入浅出地结合成果案例为我们进行了工作室成果提炼的讲解，工作室的成果要高品质、高规格，有一定的可操作可推广的模式。

美好的时光总是短暂的，最美的风景永远在路上，为期三天的培训即将结束，这次培训，场地便利、食宿舒心、工作人员贴心、和伙伴们的一起学习开心！专家的专业引领和模拟实操，为工作室的工作指引方向，让我们对以后工作室的未来发展充满信心。

一切过往，皆为序章；所有未来，皆是可期。结束是为了更好的开始，相信我们所有的参训学员会结合培训学习内容，立足本职工作，充分发挥示范引领，辐射作用，为学生的全面发展提质增效，为教师的专业发展赋能，踔厉奋发勇担当，认真总结，积极反思，努力实践，稳步提升，更好地服务于海南教育。最后，让我们乘着研修学习的春风，在这春暖花开的日子里，继续努力，做新时代、负责任、勇担当、乐奉献的海南教育人。谢谢大家！

《在名校长工作室的引领下成长》
专题讲座学习笔记

很荣幸能够参加"国培计划（2022）"海南省市县名校园长和名师工作室实施团队培训。（这是我参加的所有培训当中距离高铁站最近的一个学习培训点——天艺东环酒店，出了高铁站左拐直走5分钟就到了。感谢中国教师研修网的精心安排）一天下午，听了许书记的长达三个小时的专题讲座《在名校长工作室的引领下成长》，我受益良多。许书记以陇南一中的发展为例，结合自身的工作案例、专业阅读分享、课题研究等，为我们阐述了他的专业发展之路：从骨干校长到名校长再到卓越校长。听了他的报告，我归纳了以下几点学习感悟和大家分享。

一、名校长工作室提供了更高的专业引领和发展的平台。

二、立足本职，以学生为本，注重学生的健康，全面充分发展。

三、专业成长既离不开名师指路，又离不开自身的学习内驱力。

四、在繁忙的工作中合理安排时间，规划时间，与书为伍，多读专业书，经常阅读分享交流。

五、要做课题研究，做研究型校长（教师）。

六、要善于沟通。与上级领导沟通，取得支持；与同事沟通，合作共赢。

　　"吾生也有涯，而知也无涯"，学无止境，每一次的学习培训都是一次精神的洗礼、思想的转变，更是专业的引领和提升。在未来，我将继续保持热爱，努力向上，向善、向美、向未来。尽自己最大的努力，立足本职工作，和工作室的小伙伴们一起，向下扎根，向上生长！

这个冬天，与阳光同行

　　提升小学语文职业教师工作室成员的专业素养及能力，培养优秀青年教师，研讨有效的学科教学策略及方法，关注小学语文教育教学重点及难点问题，带动省小学教学，积极参与课堂教学改革与实践。2021年12月6日，刘顺泉阳光语文工作室与朱文武、陈顺3个工作室成员集中在白沙七坊镇中心学校，开展联合研修活动。

　　我们12月5日15：00开车出发，从陵水上万洋高速到白沙经过3个多小时的路程，穿过七八个隧道，终于在18：30左右到达本次研修活动的目的地——白沙县七坊镇。3个多小时的旅程，我们坐车腿都麻了，开车的同伴有多么辛苦就更不用说了。虽然辛苦，我们依然带着爱、带着责任、带着期许，奔赴白沙，参加研修活动，提升自己的专业素养。

　　12月6日上午，工作室欧月清老师在七坊镇中心学校的报告厅用优雅生动的主持为我们拉开了本次培训的序幕。第一节由我们阳光语文工作室成员林海鲜老师为我们带来的展示课《大单元教学边塞诗群文教学》。林老师从边塞诗《从军行》入手，首先教给学生学习古诗的方法，让学生根据画面读古诗，接着用留白填空学生朗读的方式让学生熟练读古诗《从军行》。其次让学生看画面背古诗，增加古诗学习的难度，再只给出古诗的题目，让学生试着背诵古诗《从军行》。最后让学生诵读千古名句"青海长云暗雪山，孤城遥望玉门关"，想象理解诗句的意思。林老师教给学生学习古诗的方法以后，让学生用学过的方法自由合作，学习古诗《马诗》和《凉州词》。整节课学生积极参与课堂学习，教师关注全体学生。从边塞诗的内容整合教学内容，让学生在大单元教学中体会到边塞诗所表达的情感。

这节课的大单元整体教学不仅开拓了学生的逻辑思维能力，还丰富了学生对边塞诗内容的理解，加强了学生学习古诗方法的训练，最后教师用"唱一唱古诗，画一画古诗"的拓展作业，丰富了学生的眼界。总之，林海鲜老师的这节大单元群文教学课很有可操作性，为我们做大单元教学的设计及授课起到了很好的示范引领作用。

重走红军路线，传承井冈山精神

——陵水黎族自治县骨干校长井冈山培训班培训（纪实三）

经过前两天的培训学习，全体学员感受颇深，思想上受到了井冈山精神的鼓舞。为了传承井冈山精神，坚定理想信念，促进创新发展，在县教科局副局长游莉莉和研训中心杜帆主任的带领下，2018年7月23日，陵水黎族自治县骨干校长井冈山培训班全体学员到井冈山革命根据地进行现场教学活动。

出发前游局长提出对全体学员的三个要求：一是要充分认识本次学习培训的重要性，通过现场教学认真学习和领会井冈山精神，坚定理想信念，提升履职能力，以思想武装自己的头脑，推动陵水黎族自治县教育创新发展；二是要深刻领会本次学习培训的特殊性，把本次培训作为提高自身素质的"加油站"和新起点，通过井冈山独特的红色培训模式，力争在本次培训的有限时间内精神和身体都得到最大的锻炼；三是要切实增强本次学习培训的实效性，全体学员要端正学习态度、严守学习纪律、提高学习效果，把思想认识统一到杨县长提出的"三个坚如磐石"要求上来，以优化校长队伍和提升优秀中层以上领导队伍储备力量的专业素养，提高学校管理创新实践中的骨干模范作用推动全县教育教学质量的发展。

今天我们进行的课程是现场教学：茅坪八角楼—黄洋界哨口—大井朱毛旧居—小井红军烈士墓—小井红军医院旧址。

请一起体验我们今天的学习活动吧！

　　7：40，整装待发！

　　7：50，全体学员雄赳赳气昂昂徒步向前进。

　　大约20分钟后我们到达了毛泽东故居。

　　等待，准备乘坐环城公交去井冈山游客中心，奈何乘车的群众太多了，我们只好步行出发到游客中心。

　　8：40，再次整队，继续前进——目的地：井冈山游客中心。

　　学员们情绪高昂，兴致勃勃。顶着烈日，步行前进！走了半个多小时，距离目的地还有10多分钟的路程，稍作休息。女同志英姿飒爽，也是毫不逊色！

　　继续前进！男同胞帮女同胞背包、拿水！女同胞不怕晒、不怕累，努力跟上不掉队，团结互助，共同前进！我们用实践践行了井冈山精神！

　　继续前进，用脚步丈量红军先烈们曾走过的路！

　　到达井冈山游客中心，等车之余，我们拍照留念，用影像记录我们的井冈山之行，让井冈山精神入脑入心。

　　经过将近两个小时的步行，有的女同志脚都被磨破了还依然前进，同志们沐浴阳光，笑意盈盈！为你们的乐观主义精神"点赞"！

　　同志们顶着烈日，队列整齐，准备去参观八角楼。

　　终于坐上了车，有几位同志忍受不了车辆多次急转弯的颠簸，晕车了！游局长拿出药油分享，为调节大家的情绪，宣传委员陈燕燕同志在车上和大家一起唱红歌活跃气氛，大家歌声嘹亮，心情激昂……

　　沿着九曲十八弯的盘山公路，坐了近一个半小时的大巴车，在让人热血沸腾的红歌声中，我们克服了重重困难，终于到达了今天的目的地之一——八角楼。

　　在八角楼毛泽东旧居，现场教学员向我们介绍了毛主席当年在这里居住时候的情景，同志们听得认真，心潮澎湃，都想亲眼看一看毛主席当年住过的地方、用过的物品。

　　毛主席屋子内的摆设极其简单！旧居的外墙上，还保留着贺子珍当年亲笔写的宣传标语。同志们冒着酷暑，认真地听讲解员的讲解。

毛主席在八角楼生活的这段时期，写下了《井冈山的斗争》这篇文章，鼓舞和号召着无数的战士们，前赴后继，与敌人进行无畏、坚决的斗争。

我们怀着崇敬的心情告别了八角楼毛泽东故居，来到了黄洋界哨口。

巍巍青山，绵延万里，易守难攻。当年毛主席在这里设置了黄洋界哨口，抵挡来自湖南方向的敌人，并在这里打赢了黄洋界保卫战。

我们冒雨顺着台阶而上，瞻仰黄洋界保卫战纪念碑。黄洋界哨口据点，也留下了我们的足迹。重走当年的挑粮小道，体验红军战士的艰难险阻。

向英雄们致敬！

结束了黄洋界哨口的参观，我们来到了大井朱毛旧居。

参观了大井朱毛旧居，伟人们的英雄事迹再次感动了我们。现场教学员讲解了革命英雄何长工的光辉事迹，我们了解到何长工同志气度豁达能屈能伸，为解放全中国而献出了生命，他是长工，又不是长工。新时代，我们都是为了自己和家庭的美好生活，或者是单位的不断发展，甚至为了祖国的繁荣昌盛，在奉献自己的力量，当我们感到彷徨的时候，我们可以想一下，内心守护的是什么？希望得到的又是什么？当年老长工的精神会一直鼓舞我们不忘初心，继续前行！在参观大井朱毛旧居的时候，天下起了雨，我们的副班长黎兴跃积极主动帮乡亲们收拾晾晒的干菜，用实际行动践行了井冈山精神。

我们继续徒步前进去参观小井红军烈士墓，吊唁牺牲的烈士，在烈士墓前默哀、鞠躬致敬！此时已经是下午5点。接着又参观了小井红军医院的旧址，下午6点，我们结束了一天的行程。

今天的现场教学，不仅是对全体学员身体上的一次磨炼，更是对我们心理和灵魂的一次震撼和鞭策！数以万计的革命英烈长眠井冈山，成千上万的仁人志士前赴后继，更有无数的后辈子孙继承发扬，共同创造了我们今天的和平幸福、繁荣富强、自由民主的生活，重走红军路，忆苦思甜，我们应当倍加珍惜！新时代，新使命！我们要把井冈山精神渗入生活和工作中，以吃苦耐劳、廉洁自律、无私奉献严格要求自己，不忘初心、牢记使命，砥砺前行！

追寻革命足迹，坚定理想信念

——陵水黎族自治县骨干校长井冈山培训班结业汇报简讯

结束了一周的培训学习，在游莉莉局长和杜帆主任的组织及班委会的精心筹划下，2018年7月25日晚，我们召开了陵水骨干校长培训班结业汇报典礼。

主持人为我们播报：陵水黎族自治县骨干校长培训班赴井冈山培训结业汇报流程如下：一、学员代表发言（各小组代表做本次学习心得体会）；二、班长做班级总结；三、班委为优秀学员颁奖；四、结业汇报表演；五、领导做总结讲话。

各组组长代表本组学员对这次学习活动分别做了小结。大家都表示在这次活动中收获了知识、友谊，还受到了身体的锻炼和思想上的洗礼，回去以后要继承和发扬井冈山精神，坚定理想信念，将所学到的理论知识应用在学校管理和课堂教学改革上，带动教师为落实立德树人、办人民满意的教育、推进陵水黎族自治县教育事业再上新的台阶而努力。

本期的培训结合学习表现及全班学员推荐，王兰洲、王绍莹等八位学员被评为微论坛之星；赵李三、孟培等九位学员被评为优秀学员。陵水黎族自治县教科局游莉莉局长、研训中心杜帆主任和井冈山干部培训学院钟国华主任分别为获奖学员们颁发了奖状。

各组成员领取了结业证书，脸上洋溢着丰收的喜悦。各小组文艺会演形式多样精彩纷呈，迎来阵阵欢呼和不断的掌声。

汇报演出时，游局长代表第四组成员配乐诗朗诵《永不凋谢的井冈兰》，朗读到动情处，很多同志沉浸在英雄伍若兰舍生取义的光荣事迹中，泪如雨下。

结业典礼汇报会上，杜帆主任对本次为期一周的培训学习进行总结。赞扬了全体学员认真学习、遵守纪律，践行了"坚定信念、艰苦奋斗，实事求是、敢闯新路，依靠群众、勇于胜利"的井冈山精神，号召全体学员要传承和发扬这种精神，回去以后努力工作，带领全体教师认真学习和领会井冈山精神，坚定理想信念，提升履职能力，全体齐动员，推动陵水黎族自治县教育事业的创新发展。

最后，井冈山干部培训学院钟国华主任在结业典礼上致辞，对全体学员致以亲切的问候和美好的祝愿。希望大家能继续传承和发扬井冈山精神，珍惜今天的幸福生活，为创建和谐美好、平安的家园而不懈努力。

本次的结业汇报圆满结束了，学员们纷纷合影留念。坚定执着追理想，实事求是问新路。艰苦奋斗攻难关，依靠群众求胜利。让我们把井冈山精神渗透到工作中的每一处；让我们把井冈山精神传递到同事中的每一人。明天，我们将带着井冈山给予我们的无穷精神财富和坚定的信仰回到工作岗位上，为陵水黎族自治县教育事业的发展而奉献青春和热血。

专家引领，携手研修，共同成长

——教育部中国移动中西部中小学校长培训项目2019年网络研修第15坊工作坊线下培训活动简报

2019年12月6日，天气微冷，陵水黎族自治县40多名中小学校长、副校长齐聚北斗小学多媒体报告厅，参加"教育部—中国移动中西部中小学校长培训项目"2019年网络研修第15坊工作坊线下培训活动。本次培训在主持人邓之富用温润的嗓音介绍与会嘉宾中拉开了帷幕。

上午的培训活动有四项：一、陵水黎族自治县教研培训中心杜帆主任致辞；二、陵水黎族自治县北斗小学教导主任周庆芳做《北斗小学社团课程建设》经验交流；三、工作坊主持人王先云校长作《梦想从这里起航遇见生命的美好》——"小螺号"课程架构与实施的专题讲座；四、全体学员参观学校社团课程成果。

与会嘉宾

杜帆，陵水黎族自治县教育研究培训中心主任。

万帮荣，陵水黎族自治县教育研究培训中心培训室主任。

王先云，海口市长滨小学校长，原校长远程研修15坊坊主。

谭贞杰，海口市丘浚学校校长，校长远程研修15坊辅导老师。

邓之富，海口市长滨小学教学负责人，校长远程研修15坊坊主。

黎丽萍，陵水黎族自治县教育研究培训中心培训室副主任。

杜帆主任进行了致辞，表达了对今天与会专家的欢迎，表扬了参训学员的纪律，向专家及全体学员介绍了陵水黎族自治县教育近几年的发展，最后，杜主任要求参训学员要珍惜培训学习的机会，力争每一次培训都有质的提升。

专家简介

王先云，海口市长滨小学校长。海南省教科研骨干教师、小学语文省级学科带头人、特级教师、全国优秀班主任、全国优秀教师、教育部内地与香港教育协作优秀指导教师、教育部首期"国培计划"领航名师。荣获首届全国基础教育教学成果二等奖，2项获海南省省级优秀课题成果。海南省基础教育教学成果一等奖。

邓之富，海南省语文学科带头人、海南省骨干教师、海口市长滨小学教学负责人、15坊坊主。

谭贞杰，海口市丘浚学校校长、校长远程研修15坊辅导老师。

培训内容

周庆芳主任从学校概况、课程建设、课程管理、成果展示及存在问题五个方面向我们介绍了北斗小学社团课程建设，并重点介绍了学校的社团课程建设与管理，让在座的各位学员学有所得。学校社团文化，旨在活跃学校学习氛围，提高学生自制能力，丰富课余生活；交流思想，切磋技艺，互相启迪，增进友谊。让学生在活动中成长，在活动中发展兴趣，展示自我，更加阳光、自信，像北斗星一样熠熠生辉。

王先云校长以海口二十七小学的"小螺号课程"架构与实施为例，为我们做了《梦想从这里起航遇见生命的美好》学校校本课程专题讲座。

王校长从培养什么样的人、怎样培养这两大问题出发，用更专业、更全面的社团课程知识为我们讲解了国家课程、地方课程与校本课程的地位和主从关系，强调了要以国家课程为主。用丰富多彩的学校社团课程实施成果图片及课程图谱、课程框架结构等向我们讲解了校本课程的丰富性、多样性和选择性。重点讲了校本课程的实施、分类推进、课时分类、课堂的建模、课程评价多样化等内容。

　　"听君一席话，胜读十年书。"王校长的专业分享，为我们指点了校本课程建设与实施的迷津，让我们对学校校本课程建设有了更深入的了解。

　　听完了讲座，学员参观了学校党建室，观看了北斗小学宣传片。

　　北斗小学周庆芳主任向王校长介绍学校党建室的设置及学校历年办学成绩。纸短情长，道不尽一上午的培训活动的精彩！感谢省教培院及陵水黎族自治县教育局为我们学员提供网络研修线上线下理论与实践相结合的学习平台。感谢王先云校长的专业引领，也感谢北斗小学为我们展示的多姿多彩的社团活动。在这个微冷的季节，学员们用火热的学习热情，积极认真地培训学习！一个人走得很快，一群人走得很远。在工作坊各位专家的引领下，15坊的51名学员的专业成长特别是校本课程建设方面有了很大的提升，以后在教育教学的路上也会越走越远……

走进课堂，观摩学习

——跟班景山分校学习简讯（第四组5月22日）

带着对昨天景山分校课堂教学模式的困惑和期待，我们早早来到学校，希望这些疑惑能在今天的课堂观摩中得到解答。

迎接我们的是琅琅的读书声！景山分校孩子们的早读落实得很好，2018年5月22日上午七点五十分，我们走进教学楼，从一年级开始，班级内都有两到三位"小老师"（学生）在带读，孩子们都很认真地在朗读。

走到二楼，正好赶上学校小学部的例会，我们便进行了旁听。

晨会内容包括：一、例会纪律通报；二、师德师风承诺宣誓强调；三、小学部查课情况通报；四、学习昨天的值日领导检查情况通报（微信群内）；五、学习《南方都市报》对景山分校的专题采访内容。

我们走进四（5）班课堂，学习四年级语文固定模式教学法在语文课堂中的操作要领。这节课的授课内容是苏教版四年级下册：《宋庆龄故居的樟树》。

课前五分钟，由"小老师"按照固定教学模式带领全班学习国学课本的章节。

我们也认真听课，和孩子们一起成长。

进入新课学习环节：依然是固定的语文教学课堂模式。"小老师"带领学生们学习，老师适时点拨引导纠正。

这样的课堂教学模式，基本上把老师解放了出来，孩子是课堂的主人，让学习真正发生，自身的综合素养得到了全面发展。下午三点，景山分校的语文教研例会开始了：第一项，作业观摩；第二项，试卷分析；第三项，专家点评。教研活动扎实高效，目标明确针对性强。

时间总是在我们不知不觉中溜走了，一天的跟班学习又结束了，我们陷入了深思：这里的管理方法能在我们公立学校特别是农村学校执行吗？这样的语文课堂教学模式运用到农村学校效果是否和这里一样好呢？教无定法，贵在得法。适合的才是最好的！